Teresa Gerke und Paul Liese

Grundsteuer-reform 2025

Kurzfristiger Handlungsbedarf und Tipps zum praktischen Vorgehen

IDW

IDW VERLAG GMBH

Das Thema Nachhaltigkeit liegt uns am Herzen:

MIX
Papier aus verantwortungsvollen Quellen
FSC www.fsc.org
FSC® C019821

Klimaneutral
Druckprodukt
ClimatePartner.com/12325-2205-1003

Die IDW Verlag GmbH ist ein Unternehmen des Instituts der Wirtschaftsprüfer in Deutschland e. V. (IDW).

Satz: Reemers Publishing Services GmbH, Krefeld
Druck und Bindung: C.H.Beck, Nördlingen
KN 12052

ISBN 978-3-8021-2735-9

Bibliografische Information der Deutschen Bibliothek
Die Deutsche Bibliothek verzeichnet diese Publikation in der Deutschen Nationalbibliografie; detaillierte bibliografische Daten sind im Internet über http://www.d-nb.de abrufbar.

Coverfoto: www.adobestock.com/Pictures-and-Pixels

www.idw-verlag.de

Inhaltsverzeichnis

Vorwort

Liebe Leserinnen, liebe Leser,

die Grundsteuerreform ist aus unserer Sicht ein spannendes Projekt, denn in kürzester Zeit sind verschiedene Akteure aufgefordert, neue Prozesse zu etablieren. Sei es die Finanzverwaltung, um die Daten elektronisch entgegennehmen zu können, seien es die Bundesländer, um die Eigentümer[1] mit den notwendigen Daten zu versorgen, Softwarehersteller, um Programme für die Erfassung und den Versand bereitzustellen, Kanzleien in der Moderation der Mandanten und Verarbeitung der Daten etc. In dieser Gemengelage möchten wir mit unserem Praxisbuch den heutigen Kenntnisstand mit Ihnen teilen und Sie mit Hinweisen und Tipps unterstützen.

Wir wünschen Ihnen viel Erfolg und die Ruhe, dieses noch lange nicht etablierte Verfahren gelassen mit Ihren Mandanten umzusetzen.

Ihre Autoren

Teresa Gerke Paul Liese

Hamburg, im Mai 2022

1 Zur besseren Lesbarkeit wird im Folgenden auf das „Gendern" verzichtet. Mit der Verwendung des generischen Maskulinums sind alle Geschlechter gemeint.

1 Kurzer Hintergrund der Grundsteuerreform und Umsetzung im Zeitablauf

Bereits im Jahr **2018** hat das Bundesverfassungsgericht die bisherige Rechtslage der Bewertung von Grundstücken mit dem Einheitswert für **verfassungswidrig** erklärt, weil Wertverzerrungen bei der Einheitsbewertung bestanden. Mit dem Grundsteuer-Reformgesetz aus dem Jahr 2019 wurde eine gesetzliche Neureglung geschaffen.

Das Ergebnis: Zum **1. Januar 2025** werden die **neuen Grundsteuerregelungen** in Kraft treten. Damit verliert der Einheitswert als Berechnungsgrundlage seine Gültigkeit. Auf der Grundlage des reformierten Grundsteuer- und Bewertungsrechts sind für alle rund 36 Millionen wirtschaftlichen Einheiten des Grundbesitzes neue Bemessungsgrundlagen für Zwecke der Grundsteuer ab dem Kalenderjahr 2025 zu ermitteln. Basis hierfür sind wiederum die **Feststellungserklärungen auf den 1. Januar 2022** für die neuen Grundsteuerwerte, die der Grundsteuer ab dem Kalenderjahr 2025 zugrunde gelegt werden.

Einheitswertbescheide, Grundsteuermessbescheide und Grundsteuerbescheide nach „altem" Recht, die vor dem 1.1.2025 erlassen wurden, werden kraft Gesetzes zum 31.12.2024 mit Wirkung für die Zukunft aufgehoben. Die **neu berechnete Grundsteuer ist ab dem Jahr 2025** auf Grundlage des Grundsteuerbescheides zu zahlen, bis dahin gelten bestehende Regelungen fort. Demnach sind die bisher festgesetzten Grundsteuern bis zum 31.12.2024 zu zahlen.

Dazu kommt bei der Grundsteuerreform die Besonderheit, dass der Gesetzgeber die Möglichkeit eröffnet hat, dass die Länder mittels Landesgesetz vom Bundesgesetz, dem sog. Bundesmodell, abweichen dürfen. Die Länder **Baden-Württemberg, Bayern, Hamburg, Hessen und Niedersachsen machen von der Öffnungsklausel** Gebrauch und erheben die Grundsteuer für Grundvermögen auf der Grundlage landesrechtlicher Regelungen. Die verbleibenden **elf Länder wenden das Bundesmodell** an. Somit entsteht über Deutschland ein bunter „Flickenteppich" aufgrund der Anwendung verschiedener gesetzlicher Regelungen zur Grundsteuerwertermittlung:

Abb. 1 Bundes- und Landesmodelle im Überblick

Die Steuerpflichtigen und Steuerberater fragen sich: „Warum wird im Jahr 2022 schon ein Tätigwerden verlangt, wenn doch erst ab dem 1.1.2025 die neue Grundsteuer zu zahlen ist?

Hintergrund ist, dass die neue Bemessungsgrundlage, also der Grundsteuerwert auf den Stichtag 1.1.2022, neu ermittelt und gesondert von den Finanzbehörden festgestellt wird. Es findet daher **eine Neubewertung auf den 1. Januar 2022** für Zwecke der Grundsteuer statt. Die bislang genutzten Einheitswerte, die zum Teil auf Wertverhältnisse von 1935 (neue Länder) und 1964 (alte Länder) zurückgehen, werden ersetzt.

Für die Neubewertung ist es notwendig, dass grundsätzlich jeder Eigentümer eine Feststellungserklärung im Zeitraum vom 1.7.2022 bis zum 31.10.2022 elektronisch einreicht, da nicht alle Daten den Finanzbehörden elektronisch vorliegen. Die Eigentümer müssen hierfür erst tätig werden, wenn sie von der Finanzbehörde dazu aufgefordert werden.

Durch **öffentliche Bekanntmachung des Bundesministeriums der Finanzen vom 30. März 2022** (BStBl I 2022 S. 205) erfolgt die

Aufforderung zur Abgabe der Feststellungserklärung für alle Bundesländer, die vom Bundesmodell Gebrauch machen, inklusive Sachsen und Saarland.

Darüber hinaus plant die Mehrheit der Bundesländer, alle betroffenen Bürger mit einem **Schreiben über ihre Pflichten zu informieren.** Das Schreiben stellt verfahrensrechtlich keinen Verwaltungsakt dar. Es dient lediglich Informationszwecken und wird voraussichtlich folgende Inhalte umfassen:

- Information über die Pflicht zur elektronischen Abgabe einer Feststellungserklärung und über die Frist,
- Bezeichnung des Grundstücks, für welches beim Finanzamt ein Einheitswert-Aktenzeichen geführt wird,
- Hinweis auf die kostenlose Übermittlungsmöglichkeit über ELSTER,
- Hinweis auf die Unterstützungsmöglichkeit durch einen Steuerberater, der dieses Schreiben nicht erhalten hat.

Da in den einzelnen Ländern unterschiedliche Landesmodelle umgesetzt werden, können die Schreiben ggf. zusätzliche Informationen enthalten. Der Versand der Informationsschreiben beginnt im April 2022 und läuft bis in den Juni 2022 hinein.

Nach Einreichung aller Feststellungserklärungen werden die Finanzbehörden im Jahr 2023 die Feststellung der Grundsteuerwerte und Grundsteuermessbeträge sowie den Bescheidversand vornehmen. Im Jahr 2024 werden die Städte und Gemeinden auf Basis der neuen Grundsteuermessbeträge ihre Hebesätze anpassen und die neuen Grundsteuerbescheide mit der Grundsteuer ab dem 1.1.2025 versenden.

Viele Eigentümer fragen sich sicher: „In welcher Höhe wird dann Grundsteuer zu zahlen sein?“

Die Länder sind sich einig, und auch vom Gesetzgeber besteht diese Maßgabe, dass das Aufkommen aus der Grundsteuer insgesamt gleich bleiben soll und damit die **Aufkommensneutralität** gewahrt wird. Mit der Reform der Grundsteuer wird eine Erhöhung des Aufkommens insgesamt nicht bezweckt. Gleichwohl wird es zu Belastungsverschiebungen für einzelne Steuerpflichtige kommen. Das kann sowohl ein Mehr als auch ein Weniger sein.

In diesem **Handbuch** gehen wir auf die **Bewertung des Grundvermögens im Detail** ein. Die Bewertung der Betriebe der Land- und Forstwirtschaft bleibt im Wesentlichen außen vor. Nur so viel ist zu sagen: Die bundeseinheitlichen Bewertungsgrundsätze wurden von allen Bundesländern im Großteil übernommen. Es bestehen nur wenige Ausnahmen im Detail.

Die Komplexität der Grundsteuerreform bedarf aufseiten der Steuerberater ausreichender Vorbereitungszeit, um sie zu verstehen, einen Kanzleiprozess aufzusetzen, sich für eine Software zu entscheiden, die Mandanten darüber zu informieren und die notwendigen Informationen und Daten einzuholen. Anschließend kann die Feststellungserklärung erstellt werden und daran schließt sich der Prüfungs- und Freigabeprozess mit dem Mandanten an, um die elektronische Übertragung vorzunehmen. Sobald die Finanzverwaltung die Übertragung freischaltet, kann diese ab dem 1.7.2022 erfolgen.

Dazu stellt der geltende viermonatige Abgabezeitraum im Jahr 2022 ein gefühltes Ungleichgewicht zu den Jahren 2023 und 2024 der Finanzbehörde und der Städte und Gemeinden dar. Daher haben wir uns entschieden, Ihnen diesen praktischen Leitfaden an die Hand zu geben, um Ihnen damit die Möglichkeit zu eröffnen, die Grundsteuerreform und den bevorstehenden Kraftakt bewältigen zu können.

2 Welche Faktoren sind von Relevanz für die Grundsteuer und welche Verpflichtungen ergeben sich daraus für den Steuerpflichtigen?

2.1 Der Grundsteuerwert

Die Grundsteuerfestsetzung erfolgt wie bekannt auch zukünftig innerhalb eines **dreistufigen Verfahrens**, unabhängig von der Anwendung des Bundes- oder Landesmodells:

1. Ermittlung und Feststellung des **Grundsteuerwerts**,
2. Festsetzung des Grundsteuermessbetrags und
3. **Grundsteuerfestsetzung** durch Anwendung des kommunalen **Hebesatzes.**

Ausgangsgröße bildet hierbei der bislang ermittelte Einheitswert und zukünftig der neu berechnete **Grundsteuerwert**. Gemäß § 219 BewG werden die Grundsteuerwerte für inländischen Grundbesitz, und zwar für Betriebe der Land- und Forstwirtschaft sowie Grundstücke, vom zuständigen Lagefinanzamt gesondert festgestellt.

Der Grundsteuerwert wird durch den sog. **Äquivalenz-/Flächenbetrag** in den Bundesländern, die sich für ein wertunabhängiges Modell aufgrund der sog. Länderöffnungsklausel entschieden haben, ersetzt. Die Berechnung des Äquivalenz-/Flächenbetrages erfolgt durch Multiplikation der Fläche mit der gesetzlich festgelegten Äquivalenzzahl.

Der Grundsteuerwert wird aufgrund der Reform auf den **Stichtag 1. Januar 2022** (sog. Hauptfeststellung) festgestellt. Alle Angaben sind daher auf diesen Stichtag in der Feststellungserklärung vorzunehmen. Im Bundesmodell erfolgen die **turnusmäßigen** weiteren Feststellungen des Grundsteuerwerts **alle sieben Jahre**. Die nächste Hauptfeststellung ist daher für den 1.1.2029 vorgesehen.

Die gesonderte Feststellung des Grundsteuerwerts auf den 1.1.2022 in einem förmlichen Hauptfeststellungsverfahren erfolgt durch die Finanzbehörden. Hierzu besteht eine Steuererklärungspflicht, welche stets einer Aufforderung durch die Finanzbehörde bedarf. Zur Verwaltungsvereinfachung – insbesondere im Rahmen der Hauptfeststellung –

kann diese Aufforderung im Wege einer öffentlichen Bekanntmachung erfolgen. Somit hat im Regelfall jeder Grundstückseigentümer eine Feststellungserklärung[2] zum 1.1.2022 einzureichen.

Die Vordrucke wurden vom Bundesfinanzministerium am 1.12.2021 bekannt gegeben und sind im Bundessteuerblatt (BStBl I 2021 S. 2391) veröffentlicht.

Bestandteile der Feststellungserklärung für das Bundesmodell sind:

Formular	Vordruck	Erläuterung
Hauptvordruck	GW-1	Angaben zum – Objekt – Eigentümer – Empfangsbevollmächtigten Abfrage zu Grundsteuerbefreiungen
Anlage Feststellungsbeteiligte	GW-1A	Angaben zu weiteren Eigentümern
Anlage Grundstück	GW-2	Angaben zum Grund und Boden sowie zum Gebäude
Anlage Einlageblatt zur Anlage Grundstück	GW-2A	Angaben zu weiteren Gebäuden oder Gebäudeteilen auf dem Grundstück
Anlage Land- und Forstwirtschaft	GW-3	alle Flurstücke und deren Nutzung
Anlage Tierbestand	GW-3A	gehaltene und erzeugte Tiere
Anlage Grundsteuerbefreiung	GW-4	Anträge auf Grundsteuerbefreiungen oder Ermäßigungen der Steuermesszahl Hinweis: Immer in Verbindung mit der Anlage GW-2 oder GW-3; in den ELSTER-Formularen sind diese Angaben in GW-2 und GW-3 integriert

Tab. 2.1 Formulare der Feststellungserklärung im Bundesmodell

2 Sog. Erklärung zur Feststellung des Grundsteuerwerts auf den 1.1.2022 bzw. Grundsteuererklärung auf den 1.1.2022 in den Bundesländern, die von der sog. Öffnungsklausel Gebrauch machen.

In Ergänzung dazu wurden auch folgende Ausfüllanleitungen für das Bundesmodell bereitgestellt:

- Ausfüllanleitung zum Hauptvordruck
- Ausfüllanleitung zur Anlage Grundstück
- Ausfüllanleitung zur Anlage Land- und Forstwirtschaft
- Ausfüllanleitung zur Anlage Tierbestand
- Ausfüllanleitung zur Anlage Grundsteuerbefreiung/-vergünstigung

Diese stehen als Download bereit.

Die Feststellungserklärung ist nach amtlich vorgeschriebenem Datensatz durch Datenfernübertragung zu übermitteln gem. § 228 BewG i.V.m. § 87a Absatz 6 Satz 1 AO. Das Finanzamtsportal ELSTER ist für die **elektronische Einreichung der Erklärung** eine gängige Möglichkeit.

Die elektronische authentifizierte Übermittlung erfolgt durch ein Zertifikat, welches alle Steuerpflichtigen und auch Steuerberatungskanzleien sowie Steuerberater kostenlos nach Registrierung unter www.elster.de erhalten. Wer bereits über ein Benutzerkonto verfügt, kann dieses verwenden.

Nur in begründeten Härtefällen kann das Finanzamt auf die elektronische Übermittlung der Feststellungserklärung verzichten.

Darüber hinaus sind verschiedene Softwareanbieter am Markt, die eine **Software** für die Feststellungserklärungen für Zwecke der Grundsteuer mit weiteren Möglichkeiten für den optimalen Prozessablauf anbieten. Auch diese Software beinhaltet die Übertragung über die Steuer-Onlineplattform ELSTER.

Die elektronische Erklärungsabgabe ist **ab dem 1. Juli 2022** über ELSTER möglich. Seitens der Finanzverwaltung besteht ein viermonatiger Zeitraum **bis zum 31. Oktober 2022** für die Einreichung.

Die Erklärung zur Feststellung des Grundsteuerwerts ist bei dem für die gesonderte Feststellung zuständigen Finanzamt abzugeben. Dies ist das Finanzamt, in dessen Bezirk das Grundstück belegen ist. Die Erklärung ist im Regelfall von demjenigen abzugeben, dem das Grundstück zuzurechnen ist. Dies ist normalerweise der **Eigentümer**.

Besonderheiten bestehen aber bei den Erbbaugrundstücken und bei Gebäuden auf fremdem Grund und Boden:

Anders als bei den Einheitswerten wird das Grundstück für die Grundsteuerwerte dem Erbbauberechtigten zugerechnet. Folgerichtig ist auch der **Erbbauberechtigte verpflichtet**, die Feststellungserklärung abzugeben. Der Erbbauverpflichtete hat an der Erklärung mitzuwirken.

Bei einem Gebäude auf fremdem Grund und Boden ist hingegen der **Grundstückseigentümer verpflichtet**, die Steuererklärung abzugeben. Der Eigentümer oder der wirtschaftliche Eigentümer des Gebäudes hat mitzuwirken.

Das Finanzamt soll im Jahr 2023 den Grundsteuerwert durch Bescheid zum Grundsteuerwert festsetzen und in aller Regel an die Eigentümer per Post senden. Ein elektronischer Versand ist bislang nicht vorgesehen. Für den Eigentümer ergibt sich aus dem Grundsteuerwertbescheid keine Zahlungsaufforderung.

2.2 Die Steuermesszahl

Als zweiter Faktor ist die gesetzlich festgelegte **Steuermesszahl** von Relevanz. Gemäß § 13 GrStG ist die Steuermesszahl durch Anwendung eines Promillesatzes auf den Grundsteuerwert oder seinen steuerpflichtigen Teil anzuwenden. Durch Multiplikation des Grundsteuerwerts und der Steuermesszahl ergibt sich der **Steuermessbetrag**. Die Veranlagung erfolgt seitens des Finanzamtes. Die **Hauptveranlagung der Grundsteuermessbeträge** erfolgt aufgrund gesetzlicher Anordnung des § 36 GrStG auf den **1. Januar 2025**.

Durch die geänderten bewertungsrechtlichen Vorschriften und zur Wahrung der Aufkommensneutralität der Grundsteuer wurden die Steuermesszahlen gemäß § 14 und § 15 GrStG deutlich herabgesetzt.

Sachsen und das Saarland haben sich für ein sog. modifiziertes Bundesmodell entschieden, und zwar insofern, als die Länder zum Teil länderspezifische Steuermesszahlen festgesetzt haben.

Hier ein Überblick zu den Steuermesszahlen im Bundesmodell sowie zu dem jeweiligen modifizierten Bundesmodell im Saarland und in Sachsen:

	Steuermesszahlen		
	Bundesmodell	Saarland	Sachsen
Unbebaute Grundstücke	0,34 ‰	0,64 ‰	0,34 ‰
Wohngrundstücke	0,31 ‰	0,34 ‰	0,36 ‰
Nichtwohngrundstücke	0,34 ‰	0,64 ‰	0,72 ‰
Land- und Forstwirtschaft	0,55 ‰	0,55 ‰	0,55 ‰

Tab. 2.2 Steuermesszahlen Bundesmodell, Saarland, Sachsen

Darüber hinaus hat sich der Gesetzgeber für Ermäßigungen der Steuermesszahlen entschieden. Eine neuartige Grundsteuervergünstigung ist in § 15 Absatz 2 bis Absatz 4 GrStG enthalten. Sie betrifft das **Wohnen**, weil Wohnen ein existenzielles Grundbedürfnis ist.[3] Damit sollen zusätzlich Investitionsanreize geschaffen werden. Hierbei handelt es sich um **Ermäßigungen der Steuermesszahl** um jeweils 25%. Die tatsächliche Steuermesszahl beträgt demnach 0,2325‰ = 0,31‰ * 75%.

Gesetz	Begünstigung
§ 15 Absatz 2 und 3 GrStG	Wohngrundstücke oder ein Teil davon, für die eine Förderzusage nach § 13 Wohnraumförderungsgesetz erteilt wurde und besteht
§ 15 Absatz 4 GrStG	Wohngrundstücke, die den genannten Wohnungsbaugesellschaften zugerechnet werden

Tab. 2.3 Ermäßigung der Steuermesszahlen für Wohngrundstücke

Der Abschlag auf die Steuermesszahl wird auf Antrag und durch Nachweis für jeden Erhebungszeitraum innerhalb des Hauptveranlagungszeitraums gewährt. Entfallen diese Voraussetzungen, so hat der Steuerpflichtige dies gemäß § 19 Absatz 2 GrStG innerhalb von drei Monaten nach dem Wegfall der Voraussetzungen bei dem Finanzamt anzuzeigen.

Des Weiteren ist in § 15 Absatz 5 GrStG eine **Ermäßigung der Steuermesszahl um zehn Prozent für Baudenkmäler** i.S.d. jeweiligen Landesdenkmalschutzgesetzes festgelegt. Hintergrund sind die eingeschränkte wirtschaftliche Verwertbarkeit und die dem Eigentümer

3 BT-Drucksache 19/11085.

obliegende Unterhaltsverpflichtung.[4] Die tatsächliche Steuermesszahl beträgt demnach für Wohngrundstücke 0,279‰ = 0,31‰ * 90% und für Geschäftsgrundstücke 0,306‰ = 0,34‰ * 90%.

Das Finanzamt teilt auf elektronischem Weg den Grundsteuermessbetrag **von Amts wegen** den Gemeinden und Städten mit und sendet zugleich in Papierform den **Bescheid zum Grundsteuermessbetrag** in aller Regel an den Eigentümer. Aus diesem Bescheid ergibt sich **keine Zahlungsaufforderung**.

2.3 Der Hebesatz

Zu guter Letzt wird die **Grundsteuer** für das Kalenderjahr durch Anwendung der kommunalen **Hebesätze durch die Gemeinden und Städte** und auf Basis der Grundsteuermessbeträge zum 1.1.2025 festgesetzt.

Die Grundsteuer wird bzw. darf wie folgt erhoben werden:

- **Grundsteuer A** (für „agrarisch“) für den Betrieb der Land- und Forstwirtschaft, wird von der Kommune festgelegt,
- **Grundsteuer B** (für „baulich“) auf bebaute oder unbebaute Grundstücke, die als Bauland gelten, wird von der Kommune festgelegt,
- **Grundsteuer C** (steht für nichts; kommt eben nach A und B) ist neu ab 2025; es liegt im Ermessen der Gemeinde, diese ab 2025 für baureife Grundstücke festzulegen und zu erheben; Grundsteuer C kann deutlich höher ausfallen als die Grundsteuer B.

Die Grundsteuerveranlagung erfolgt ab dem Kalenderjahr 2025 auf Basis der neuen Grundsteuermessbetragswerte. Seitens der Gemeinden und Städte soll die neu berechnete Grundsteuer, die ab 2025 zu entrichten ist, durch neue Grundsteuerbescheide in 2024 festgesetzt werden. Demnach erhalten in der Regel alle Eigentümer im Jahr 2024 die **neuen Grundsteuerbescheide für 2025** per Post. Hieraus ergibt sich dann eine erstmalige Zahlungsaufforderung für 2025 für die neue Grundsteuer für alle Eigentümer.

Bis einschließlich 2024 gelten die bislang festgesetzten Grundsteuern auf Basis der Regelungen zu den Einheitswerten fort.

[4] Koordinierter Ländererlass vom 21.10.1985 (BStBl. I 1985 S. 648).

Die erzielten Einnahmen aus der Grundsteuer fließen ausschließlich der Gemeinde zu. Die Gemeinden sind auch aufgrund der Aufkommensneutralität gehalten, die Hebesätze auszutarieren. Gleichwohl wird es Grundsteuererhöhungen oder -minderungen für einzelne Steuerpflichtige geben. Wie hoch diese ausfallen, hängt vom Einzelfall ab.

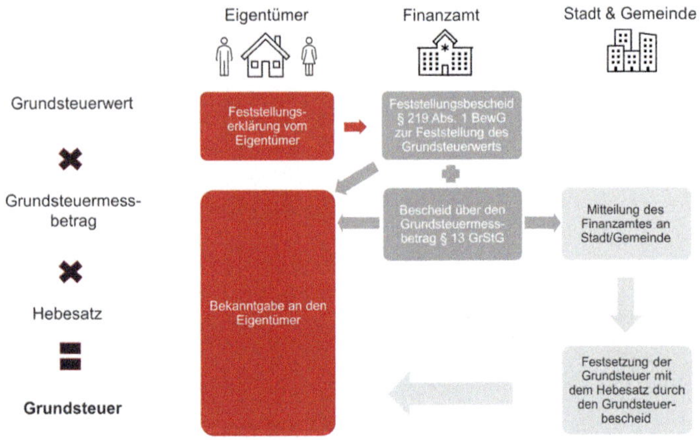

Abb. 2 Übersicht zum Verfahrensablauf

3 Neuregelung zur Bewertung des land- und forstwirtschaftlichen Vermögens

Die **land- und forstwirtschaftlichen Wohngebäude** werden nunmehr **im Grundvermögen** erfasst und somit der Grundsteuer B unterworfen und nicht wie bislang dem land- und forstwirtschaftlichen Betrieb der Grundsteuer A.

Durch die gesetzliche Neuregelung kommt es zu einer Aufteilung der bestehenden wirtschaftlichen Einheiten der Betriebe der Land- und Forstwirtschaft. **Wohngebäude oder Gebäudeteile**, die innerhalb einer land- und forstwirtschaftlich genutzten Hofstelle **Wohnzwecken dienen**, sind mit ihren zugehörigen Freiflächen **ab dem 1. Januar 2022 dem Bereich des Grundvermögens zuzurechnen.** Sie werden aus dem Betrieb der Land- und Forstwirtschaft herausgelöst und erhalten als **eigenständige wirtschaftliche Einheit ein separates Aktenzeichen.**

Des Weiteren werden zukünftig Betriebe der Land- und Forstwirtschaft durch eine standardisierte Bewertung der Flächen und der Hofstellen besteuert. Dabei erfolgt die Bewertung der wirtschaftlichen Einheit des Betriebs der Land- und Forstwirtschaft bundeseinheitlich nach dem **Eigentümerprinzip** auf der Basis des amtlichen Liegenschaftskatasters. Im Zuge dessen wird die Bewertung der einzelnen land- und forstwirtschaftlichen Nutzungen (Sollertrag des Grund und Bodens sowie der Betriebsmittel) und der Hofstelle auf Basis eines **typisierenden durchschnittlichen Ertragswertverfahrens** vorgenommen.

> i
>
> **Hinweis:**
> Die Feststellungserklärungen zur wirtschaftlichen Einheit des Betriebs der Land- und Forstwirtschaft ist aufgrund des **Eigentümerprinzips** nun vom **Verpächter** zu erstellen und einzureichen, sicherlich unter Mitwirkung des Pächters.

Im Bereich der Land- und Forstwirtschaft wenden alle Länder weitestgehend die Regelungen des Bundesmodells an. Es gibt wenige abweichende Regelungen in den Ländern, auf die in diesem Buch nicht eingegangen wird.

4 Für welches Modell haben sich die einzelnen Bundesländer entschieden?

Bereits im Jahr 2018 hat das Bundesverfassungsgericht die grundsteuerrechtliche Bewertung anhand der Einheitswerte für verfassungswidrig erklärt und eine gesetzliche Neuregelung verlangt. Der Gesetzgeber musste tätig werden und hat Neureglungen innerhalb der gesetzten Frist bis Ende 2019 geschaffen:

	Gesetze	veröffentlicht
1.	Gesetz zur Änderung des Grundsteuergesetzes zur Mobilisierung von baureifen Grundstücken für die Bebauung	BGBl I vom 5.12.2019
2.	Gesetz zur Änderung des Grundsteuergesetzes	BGBl I vom 22.11.2019
3.	Gesetz zur Reform des Grundsteuer- und Bewertungsrechts	BGBl I vom 2.12.2019, angepasst durch das GrStRefUG BGBl I vom 22.07.2021

Tab. 4.1 Gesetzliche Neuregelungen

Diese bundesgesetzlichen Vorschriften des Grundsteuer-Reformgesetzes regeln die Ermittlung und Berechnung der neuen Grundsteuer im sog. Bundesmodell. Darin enthalten ist auch die Möglichkeit für die Länder, vom Bundesmodell abweichende Regelungen zu treffen, die sog. Länderöffnungsklausel. Mehrere Bundesländer haben sich für abweichende länderrechtliche Regelungen entschieden.

Diese neun Länder haben sich für das Bundesmodell entschieden:

- Berlin
- Brandenburg
- Bremen
- Mecklenburg-Vorpommern
- Nordrhein-Westfalen
- Rheinland-Pfalz
- Sachsen-Anhalt
- Schleswig-Holstein
- Thüringen

Diese zwei Länder haben sich für das Bundesmodell entschieden, jedoch zusätzlich für länderspezifische Steuermesszahlen:

- Sachsen
- Saarland

Diese fünf Länder haben von der sog. Länderöffnungsklausel Gebrauch gemacht und abweichende Bewertungsregelungen für die Grundstücke beschlossen:

Bundesland	**Landesmodell**
Baden-Württemberg	Modifiziertes Bodenwertmodell
Bayern	Wertunabhängiges Flächenmodell
Hamburg	Wohnlagemodell
Hessen	Flächen-Faktor-Verfahren
Niedersachsen	Flächen-Lage-Modell

Tab. 4.2 Bundesländer mit ihren Landesmodellen

5 Bewertungsverfahren für das Grundvermögen im Bundesmodell

5.1 Der Begriff Grundvermögen

Zum Grundvermögen gehören gemäß § 243 BewG insbesondere

- der Grund und Boden, die Gebäude, die sonstigen Bestandteile und das Zubehör,
- Erbbaurecht im Sinne des ErbbauRG,
- Wohnungs- und Teileigentum,
- Wohnungserbbaurecht und Teilerbbaurecht, jeweils im Sinne des WEG.

Darin sind nicht einzubeziehen

- Bodenschätze,
- Maschinen und Vorrichtungen aller Art, die zu einer Betriebsanlage gehören (Betriebsvorrichtung), auch wenn sie wesentliche Bestandteile sind.

Dazu sind einzubeziehen

- Verstärkungen von Decken und die nicht ausschließlich zu einer Betriebsanlage gehörenden Stützen und sonstige Bauteile wie Mauervorlagen und Verstrebungen (Beispiel: Pressenhalle, wenn die Stützen einer Krananlage auch gleichzeitig das Dach der Halle tragen).

Wesentliche Bestandteile des Grundstücks sind neben den Gebäuden die mit einem Gebäude verbundenen Anbauten, z.B. **Wintergärten.**

Außenanlagen, insbesondere Platz- und Wegebefestigungen, Terrassen, Gartenanlagen, Umzäunungen sowie Leitungen und sonstige Anlagen außerhalb der Gebäude, welche der Versorgung und der Kanalisation dienen, werden bei der Bewertung für Zwecke der Grundsteuer **nicht gesondert** angesetzt und **sind mit dem Grundsteuerwert abgegolten.**

Überbaurechte und Grunddienstbarkeiten, wie z.B. Wege- oder Fensterrechte sowie Nutzungsrechte – etwa **Nießbrauchs- und Wohnrechte** – werden **nicht bei der Bewertung des Grundstücks berücksichtigt.**

Der Grundsteuerwert umfasst **auch Nebengebäude und Zubehörräume**, wie z.B. Keller-, Abstell- und Heizungsräume, wenn sie auf dem mit dem Hauptgebäude bebauten Grundstück stehen (z.B. Garagen) oder zusammen mit dem Grundstück genutzt werden.

5.2 Der Begriff des Grundstücks

Gemäß § 244 Absatz 1 BewG bildet **jede wirtschaftliche Einheit des Grundvermögens ein Grundstück** im Sinne des Siebten Abschnitts des BewG.

Der Begriff Grundstück ist dabei **nicht gleichbedeutend mit dem Begriff des Grundstücks nach bürgerlichem Recht**. Maßgebend ist nach § 2 BewG allein, was als wirtschaftliche Einheit nach den **Anschauungen des Verkehrs** anzusehen ist. Dabei können auch **mehrere Flurstücke, Gebäude oder selbstständige Gebäudeteile zusammenzufassen** sein. Voraussetzung ist, dass sie **zu einer Vermögensart und demselben Eigentümer oder denselben Eigentümern** gehören.

Nach § 244 Absatz 2 Satz 1 BewG ist der **Anteil des Eigentümers an anderem Grundvermögen** in das Grundstück einzubeziehen, wenn der Anteil zusammen **mit diesem genutzt wird und eine gewisse räumliche Nähe** zum Gebäude besteht und trotz der räumlichen Trennung die wirtschaftliche Zusammengehörigkeit erkennbar bleibt.

Diese Einbeziehung ist denkbar in folgenden Fällen:

- Eigentum an einer Eigentumswohnung oder einem Reihenhaus und einem Anteil an einer Hoffläche oder an einem Garagengrundstück

Somit können mehrere Grundstücksteile auch dann zu einer wirtschaftlichen Einheit zusammengefasst werden, wenn sie unterschiedlichen Eigentümern gehören. Voraussetzung dafür ist, dass das gemeinschaftliche Grundvermögen nach der Verkehrsanschauung nicht als selbstständige wirtschaftliche Einheit anzusehen ist (§ 244 Absatz 2 Satz 2 BewG).

Als **Grundstück gelten** gemäß § 244 Absatz 3 BewG **auch:**

1. das Erbbaurecht zusammen mit dem Erbbaurechtsgrundstück,
2. ein Gebäude auf fremdem Grund und Boden, zusammen mit dem dazugehörenden Grund und Boden,

3. jedes Wohnungseigentum und Teileigentum nach dem Wohnungseigentumsgesetz sowie
4. beim Wohnungserbbaurecht und beim Teilerbbaurecht das Erbbaurecht zusammen mit dem belasteten Grund und Boden.

Der § 244 Absatz 3 BewG enthält somit eine gegenüber dem bisherigen Recht **erweiterte Definition** der wirtschaftlichen Einheit.

Die **sachliche Befreiung** der Gebäude, Gebäudeteile und Anlagen für den **Zivilschutz** ist weiterhin gegeben gemäß § 245 BewG. Diese Flächen sind in der Feststellungserklärung gesondert anzugeben und bleiben bei der Ermittlung des Grundsteuerwerts außer Betracht.

5.3 Der Begriff der unbebauten Grundstücke

Als unbebautes Grundstück gilt nach § 246 Absatz 1 BewG ein Grundstück, auf dem sich **keine benutzbaren Gebäude** befinden. Die Benutzbarkeit beginnt zum Zeitpunkt der Bezugsfertigkeit. Gebäude sind als bezugsfertig anzusehen, wenn den zukünftigen Bewohnern oder sonstigen vorgesehenen Benutzern die bestimmungsgemäße Gebäudenutzung zugemutet werden kann. Nicht entscheidend für den Zeitpunkt der Bezugsfertigkeit ist die Abnahme durch die Bauaufsichtsbehörde.

Auch ein Grundstück mit einem Gebäude, das auf Dauer keiner Nutzung zugeführt werden kann, welches zerstört oder dem Verfall preisgegeben ist und daher **auf Dauer keinen benutzbaren Raum** mehr beinhaltet, gilt gemäß § 246 Absatz 2 BewG als unbebaut.

Der Grundsteuerwert **unbebaute Grundstücke** richtet sich nach § 247 Absatz 1 BewG und ergibt sich regelmäßig durch **Multiplikation der Grundstücksfläche mit dem jeweiligen Bodenrichtwert** i.S.d. § 196 BauGB.

Abb. 3 Berechnung des Grundsteuerwerts für ein unbebautes Grundstück

Praxistipp:
Die Fläche für den Grund und Boden kann im Regelfall dem bisherigen **Einheitswertbescheid** entnommen werden oder ist im **Grundbuchauszug** enthalten.

5.4 Mit dem Grundbuchauszug auf dem Weg zum Ziel

In der Feststellungserklärung sind für das Grundvermögen die Angaben für die **Gemarkungen und Flurstücke** unerlässlich und darüber hinaus sind immer die Flächenangaben zum Grund und Boden anzugeben. Das unbebaute Grundstück ist zudem „Mindestangabe“ im Rahmen der Grundsteuerwertermittlung.

Erklärung zur Feststellung des Grundsteuerwerts

— Eingangsstempel —

1 auf den 1. Januar 2 0

Aktenzeichen/Steuernummer ohne Sonderzeichen

2

Finanzamt

3

2022BUAGW1011

Angaben zur Feststellung 13

Grund der Feststellung

11 — 1 = Hauptfeststellung, 2 = Nachfeststellung, 3 = Artfortschreibung, 4 = Wertfortschreibung, 5 = Art- und Wertfortschreibung

Art der wirtschaftlichen Einheit

4 10 — 1 = unbebautes Grundstück (wirtschaftliche Einheit des Grundvermögens), 2 = bebautes Grundstück (wirtschaftliche Einheit des Grundvermögens), 3 = Betrieb der Land- und Forstwirtschaft

Lage des Grundstücks/Betriebs der Land- und Forstwirtschaft 11

Straße/Lagebezeichnung

5 24

Hausnummer / Hausnummerzusatz / Zusatzangaben

6 25 / 26 / 31

Postleitzahl / Ort

7 21 / 22

8 Erstreckt sich das Grundstück oder der Betrieb der Land- und Forstwirtschaft über mehrere hebeberechtigte Gemeinden? 50 1 = Ja

Gemarkung(en) und Flurstück(e) des Grundvermögens 33

Gemarkung

9 11

Grundbuchblatt / Flur / Flurstück: Zähler / Flurstück: Nenner / Fläche in m²

10 12 / 13 / 14 / 15 / 16

Zur wirtschaftlichen Einheit gehörender Anteil: Zähler / Zur wirtschaftlichen Einheit gehörender Anteil: Nenner / enthalten in

11 17 / 18 / — 1=erste Fläche (Anlage Grundstück, Zeile 4), 2=zweite Fläche (Anlage Grundstück, Zeile 5), 3=beiden Flächen

Abb. 4 Auszug der Feststellungserklärung – GW 1 – im Bundesmodell

Zum Ausfüllen ist der Grundbuchauszug sehr hilfreich, da diese Angaben darin enthalten sind.

Exkurs zum Grundbuch:

Das Grundbuch

- ist ein öffentliches Register
- regelt die Eigentumsverhältnisse von Grundstücken verbindlich
- enthält Information zum jeweiligen Besitzer
- enthält alle wesentlichen Inhalte zu den mit dem Grundstück verbundenen Rechten und Lasten

Die einzelnen Grundbuchbezirke werden in Gemarkungen unterteilt. Eine Gemarkung setzt sich dabei aus einzelnen Fluren zusammen, die wiederum aus Flurstücken bestehen.

Abb. 5 Aufbau Grundbuchauszug5

Das **Bestandsverzeichnis** führt alle dem Grundbuchblatt zugehörigen Grundstücke und deren Lage auf. Abhängig von der Anzahl der Eintragungen kann es sich über mehrere Seiten erstrecken. Zusätzlich sind **sowohl die Adresse als auch die Größe** der einzelnen Grundstücke angegeben.

5 Quelle: https://www.immobilienfinanzierung.de/lexikon/grundbuchauszug/ (abgerufen am 3.5.2022).

Amtsgericht Musterstadt | **Grundbuch von** Muster Bezirk 11 | **Blatt** 1119 | **Bestandsverzeichnis** [illegible]

Laufende Nummer der Grundstücke	Bisherige laufende Nummer der Grundstücke	Bezeichnung der Grundstücke und der mit dem Eigentum verbundenen Rechte: Gemarkung (Vermessungsbezirk)	Karte: Flur	Karte: Flurstück	Liegenschaftsbuch	Wirtschaftsart und Lage	Größe: ha	a	m²
		a	b		c/d	e			
1	2	3					4		
1	-	Muster Bezirk 11	401	2/31		Gebäude- und Freifläche Daimlerstraße 42, 46		1	19
2	-	Muster Bezirk 11	401	7/16		Gebäude- und Freifläche Daimlerstraße 48, 52		2	12
3	-	Muster Bezirk 11	401	7/18		Gebäude- und Freifläche Felix-Strampel Straße 12		3	21

Abb. 6 Muster Grundbuchauszug[6]

Das Bestandsverzeichnis des Grundbuchauszug-Musters mit der Blattnummer 1119 beinhaltet drei Eintragungen. Das Grundstück dieses Grundbuchblatts setzt sich aus drei Flurstücken zusammen, die allesamt in der Flur 401 der Gemarkung Muster-Bezirk 11 liegen. Die Spalte Wirtschaft und Lage deutet darauf hin, dass das Grundstück zwischen zwei Straßen liegt (Vorder- und Rückseite).

Die für die **Feststellungserklärung notwendigen Informationen sind im Bestandsverzeichnis und in der Abteilung I** enthalten. In Erbbaurechtsfällen ist die Nummer des Grundbuchblatts des Erbbauberechtigten einzutragen.

> **Hinweis:**
>
> **Feststellungserklärung:**
>
> Nicht in jeder Gemarkung sind Fluren vorhanden und nicht jedes Flurstückskennzeichen hat auch einen Flurstücksnenner. In diesem Fall kann das entsprechende Feld frei bleiben und eine Eintragung ist nicht vorzunehmen.

6 https://www.docestate.com/grundbuchauszug-muster (abgerufen am 3.5.2022).

Hinweis:

Für das Land Berlin:

Aus einem Sonder-Newsletter der Steuerberaterkammer Berlin vom 18.3.2022 geht hervor, dass die Nennung des Grundbuchblatts nicht zwingend, aber für die Finanzverwaltung sehr hilfreich ist und daher auch angegeben werden sollte, sofern die Kennung bekannt ist. Die Berliner Finanzverwaltung wirkt in diesem Zusammenhang darauf hin, dass die Angabe des Grundbuchblatts kein „Pflicht-Feld“ in der Steuererklärung wird.

5.5 Der Bodenrichtwert als Bewertungsgröße

In Anlehnung an die anerkannten Vorschriften zur Ermittlung von Verkehrswerten von Grundstücken auf der Grundlage des Baugesetzbuchs sollen die neuen Bewertungsvorschriften zur Bewertung des Grundvermögens den Belastungsrund der Grundsteuer erfassen und die Relation der Wirtschaftsgüter zueinander realitätsgerecht abbilden. Als **wertabhängiger Faktor ist der Bodenrichtwert** gemäß § 196 BauGB im Bundesmodell die maßgebliche Bewertungsgröße. Der Gesetzgeber sieht den Ansatz des Bodenrichtwerts als Vereinfachung, da so die nachhaltige Ertragsfähigkeit des Bodens und der zutreffende Kapitalisierungsfaktor in Form einer ewigen Rente nicht im Einzelnen ermittelt werden müssen.[7]

Der Bodenrichtwert für die Zwecke der Grundsteuer ist **von den Gutachterausschüssen** aufgrund der Kaufpreissammlung anhand flächendeckend durchschnittlicher Lagewerte für den Boden unter Berücksichtigung des unterschiedlichen Entwicklungszustands zu ermitteln. In bebauten Gebieten sind Bodenrichtwerte mit dem Wert zu ermitteln, der sich ergeben würde, wenn der Boden unbebaut wäre.

Es sind **Bodenrichtwertzonen** zu bilden, die jeweils Gebiete umfassen, die nach Art und Maß der Nutzung weitgehend übereinstimmen. Entsprechend der Maßgeblichkeit des „Zonen-Bodenrichtwerts“ bleiben **besondere Merkmale** des einzelnen zu bewertenden Grundstücks wie Ecklage, Zuschnitt, Vorder- und Hinterland, Oberflächenbeschaf-

[7] BT-Drucksache 19/11085, § 247.

fenheit, Beschaffenheit des Baugrundes, Lärm-, Staub-, Geruchsbelästigungen, Altlasten sowie Außenanlagen hiernach **unberücksichtigt**.

Eine Bodenrichtwertzone besteht aus einem räumlich zusammenhängenden Gebiet. Im **Interesse einer praktikablen Anwendung** der Bodenrichtwerte in einem Massenverfahren sind die Bodenrichtwertzonen so abzugrenzen, dass lagebedingte Wertunterschiede zwischen den Grundstücken, für die der Bodenrichtwert gelten soll, und dem Bodenrichtwertgrundstück grundsätzlich **nicht mehr als 30 Prozent betragen** (§ 15 Absatz 1 ImmoWertV). Somit weicht der Wert des einzelnen zu bewertenden Grundstücks regelmäßig maximal 30% vom Bodenrichtwertgrundstück ab. Eine derartige Typisierung bzw. Wertspanne ist nach Ansicht des Gesetzgebers im Massenverfahren der Grundsteuer angezeigt und notwendig.[8]

Bei der Wertermittlung ist der Bodenrichtwert anzusetzen, der vom **Gutachterausschuss** auf den jeweiligen Hauptfeststellungszeitpunkt ermittelt wurde. Dieser Wert **gilt für den gesamten Hauptfeststellungszeitraum.**

Landesrechtlich ist sicherzustellen, dass die zur Erfüllung der Erklärungspflichten erforderliche grundstücksbezogene Auskunft über die Bodenrichtwerte kostenfrei ist.

Die Etablierung einer **elektronischen Übermittlung der Bodenrichtwerte** von den Gutachterausschüssen an die Finanzbehörden nach bundeseinheitlichem, amtlich vorgeschriebenen Datensatz, ist Voraussetzung für ein vollautomationsgestütztes Bewertungsverfahren.

Anzusetzen ist regelmäßig der auf das Bodenrichtwertgrundstück bezogene Bodenrichtwert. Eine Ausnahme bilden hierbei folgende Entwicklungszustände:

- Flächen der Land- und Forstwirtschaft
- Bauerwartungsland
- Rohbauland
- baureifes Land

8 BT-Drucksache 19/11085, § 247.

Bauerwartungsland sind Flächen, die nach ihren weiteren Grundstücksmerkmalen, insbesondere dem Stand der Bauleitplanung und der sonstigen städtebaulichen Entwicklung des Gebiets, eine bauliche Nutzung aufgrund konkreter Tatsachen mit hinreichender Sicherheit erwarten lassen. Land- und forstwirtschaftliche Flächen, bei denen innerhalb eines Zeitraums von sieben Jahren damit zu rechnen ist, dass sie anderen Zwecken dienen, werden regelmäßig als Bauerwartungsland angesetzt.

Rohbauland sind Flächen, die nach den §§ 30, 33 und 34 BauGB für eine bauliche Nutzung bestimmt sind, deren Erschließung aber noch nicht gesichert ist, oder die nach Lage, Form oder Größe für eine bauliche Nutzung unzureichend gestaltet sind. Im Regelfall handelt es sich hierbei um größere, unerschlossene Grundstücksflächen, die die Eigenschaft als land- und forstwirtschaftliches Vermögen verloren haben, selbst wenn sie noch land- und forstwirtschaftlich genutzt werden.

Baureifes Land sind Flächen, die nach öffentlich-rechtlichen Vorschriften und den tatsächlichen Gegebenheiten baulich nutzbar sind. Der Gutachterausschuss ermittelt die Bodenrichtwerte regelmäßig für baureifes Land.

Hat der Gutachterausschuss keinen Bodenrichtwert ermittelt, ist der Bodenwert pro Quadratmeter aus den Bodenrichtwerten **vergleichbarer Flächen abzuleiten.**

Hat der Gutachterausschuss für ein Grundstück im Entwicklungszustand Bauerwartungsland oder Rohbauland keinen Bodenrichtwert ermittelt, gelten folgende Wertansätze:

- Bauerwartungsland 25%
- Rohbauland 50%

des Bodenrichtwerts für vergleichbares erschließungsbeitragsfreies Bauland.

Die **Art der baulichen Nutzung** des Bodenrichtwertgrundstücks ist für das zu bewertende Grundstück regelmäßig zu übernehmen.

Beispiel
Ein Grundstück mit einem Lebensmittelmarkt liegt in einer Bodenrichtwertzone von Grundstücken mit Einfamilienhäusern. Das Grundstück wird mit dem vorhandenen Bodenrichtwert angesetzt.

Bei sich **überlagernden Bodenrichtwertzonen** ist der Bodenrichtwert für dasjenige Bodenrichtwertgrundstück heranzuziehen, dessen Art der Nutzung am ehesten der des zu bewertenden Grundstücks entspricht.

Beispiel
Für eine Bodenrichtwertzone liegen zwei unterschiedliche Bodenrichtwerte für „Wohnen" vor: einmal für „mehrgeschossig", einmal für „ein-/zweigeschossig". Für ein zweigeschossiges Einfamilienhaus ist der Bodenrichtwert für „Wohnen, ein-/zweigeschossig" zugrunde zu legen.

Beispiel
Für eine Bodenrichtwertzone liegen unterschiedliche Bodenrichtwerte für „Geschäftshäuser" und „Mehrfamilienhäuser" vor. Für ein Einfamilienhaus ist der Bodenrichtwert für „Mehrfamilienhäuser" zugrunde zu legen, da diese Art der Nutzung am ehesten der des zu bewertenden Grundstücks entspricht.

Die nachfolgende Zusammenstellung gibt einen Überblick über die **bundesweiten Onlineportale für Bodenrichtwerte** für die Länder, welche sie für die Neubewertung benötigen. Die Portale für die Bodenrichtwertinformationen für die Grundsteuerbewertung befinden sich bei den Ländern größtenteils noch im Aufbau.

Bundesland	URL des Onlineportals
Baden-Württemberg	www.grundsteuer-bw.de
Berlin	www.gutachterausschuss-berlin.de
Brandenburg	www.gutachterausschuss-bb.de
Bremen	www.gutachterausschuss.bremen.de

Bundesland	URL des Onlineportals
Hessen	www.boris.hessen.de
Mecklenburg-Vorpommern	www.geoportal-mv.de
Niedersachsen	www.gag.niedersachsen.de
Nordrhein-Westfalen	www.boris.nrw.de
Rheinland-Pfalz	www.boris.rlp.de
Saarland	https://geoportal.saarland.de/article/Bodenrichtwerte/
Sachsen	http://www.boris.sachsen.de
Sachsen-Anhalt	http://www.lvermgeo.sachsen-anhalt.de
Schleswig-Holstein	http://www.gutachterausschuesse-sh.de/ bodenrichtwerte.html
Thüringen	http://www.geoportal-th.de

Tab. 5.1 Onlineportale der Bundesländer für die Bodenrichtwerte

5.6 Die Grundstücksarten

5.6.1 Einteilung der Grundstücke in die Grundstücksarten

In die Bewertung sind neben dem Grund und Boden auch die **Gebäude einzubeziehen.** Maßgeblich für die **Wahl des anzuwendenden Bewertungsverfahrens** für ein bebautes Grundstück ist die **jeweilige Grundstücksart.** Jedes bebaute Grundstück wird im Rahmen der Grundsteuerbewertung einer von acht verschiedenen Grundstücksarten zugeordnet. Die Aufzählung der Grundstücksarten in § 249 BewG ist abschließend.

Die Unterscheidung bei bebauten Grundstücken zwischen den verschiedenen Grundstücksarten ist insbesondere **von Bedeutung** für:

- die Wahl des Bewertungsverfahrens (entweder Ertragswertverfahren oder Sachwertverfahren),
- das Heranziehen der einzelnen Bewertungsparameter (z.B. der Liegenschaftszinssätze im Ertragswertverfahren) und
- die Anwendung der Steuermesszahlen.

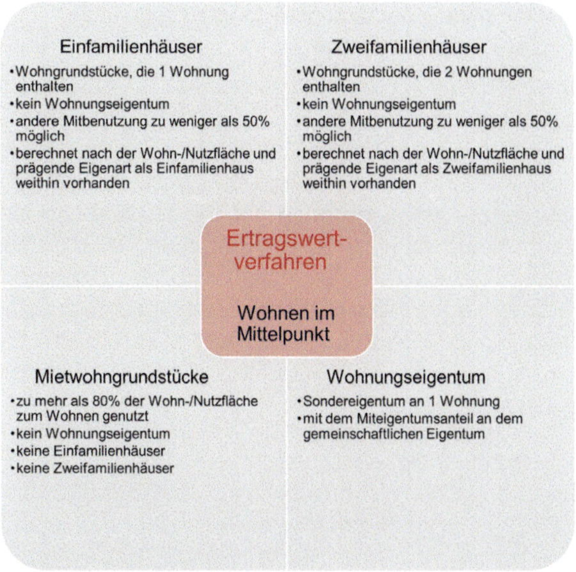

Abb. 7 Grundstücksarten für das Ertragswertverfahren

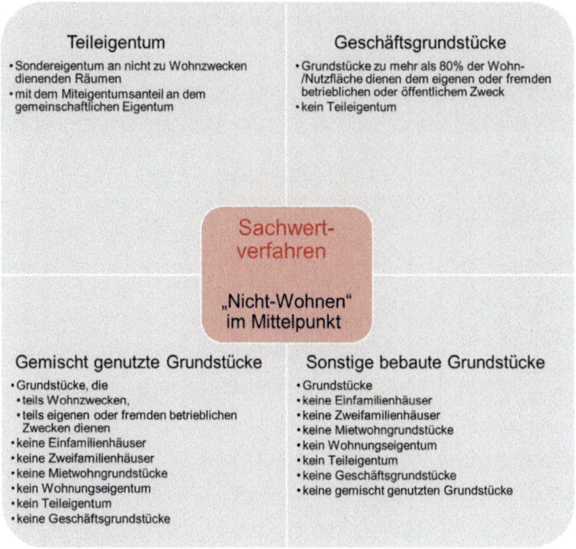

Abb. 8 Grundstücksarten für das Sachwertverfahren

5.6.2 Abgrenzung der Grundstücksarten anhand der Wohn- und Nutzfläche

Bei der Abgrenzung der Grundstücksarten ist das **Verhältnis der jeweiligen Wohn- und Nutzflächen** zur gesamten Wohn- und Nutzfläche entscheidend. Dieser Aufteilungsmaßstab steht in den maßgeblichen Fällen zur Verfügung und somit werden Abgrenzungsschwierigkeiten vermieden. Dabei **ist abzustellen auf die tatsächliche Nutzung der Haupträume im Feststellungszeitpunkt.** Dies gilt auch für steuerbefreite Gebäude oder Gebäudeteile. Für die Einordnung in die entsprechende Grundstücksart ist ohne Bedeutung, ob das Gebäude eigenen oder fremden Wohn- oder Nutzzwecken dient oder leer steht. Bei Leerstand ist darauf abzustellen, für welche Nutzung die leer stehenden Räume vorgesehen sind.

Für die Ermittlung des Verhältnisses von Wohn- und Nutzfläche ist grundsätzlich auf die **Wohnfläche** nach der **Wohnflächenverordnung** (WoFlV) und die **Nutzfläche nach der DIN 277** in der jeweils geltenden Fassung abzustellen. Ist die Wohnfläche zulässigerweise bis zum 31.12.2003 nach der II. Berechnungsverordnung berechnet worden und haben sich keine baulichen Änderungen ergeben, kann diese Berechnung hilfsweise für die Ermittlung des Verhältnisses von Wohn- und Nutzfläche zugrunde gelegt werden. Soweit allerdings ab dem 1.1.2004 bauliche Änderungen an dem Wohnraum dieser Grundstücke vorgenommen wurden, die eine Neuberechnung der Wohnfläche erforderlich machen, ist diese Berechnung nach der Wohnflächenverordnung vorzunehmen.

Zur Wohnfläche gehören die Grundflächen von:

- Wohnzimmern,
- Schlafzimmern,
- Toilettenräumen,
- Badezimmern,
- Küchen,
- Esszimmern,
- Kinderzimmern,
- Nebenräumen wie beispielsweise Abstellkammern,
- Arbeitszimmern,
- Wintergärten (zu 50%),

- Schwimmbädern und ähnlichen nach allen Seiten geschlossenen Räumen (zu 50%),
- Balkonen, Loggien, Dachgärten und Terrassen, wenn sie ausschließlich zu der Wohnung oder dem Wohnheim gehören (in der Regel zu 25%, höchstens zu 50%).

Nicht zur Berechnung der Wohnfläche gehören Zubehörräume, insbesondere:

- Kellerräume,
- Abstellräume und Kellerersatzräume außerhalb der Wohnung,
- Waschküchen,
- Trockenräume,
- Bodenräume,
- Heizungsräume und
- Garagen.

Um die **Nutzfläche** eines Hauses oder einer Wohnung handelt es sich, wenn die Räume zwar einen bestimmten Nutzen haben, allerdings nicht zwangsweise bewohnt werden.

Nutzflächen sind:

- Flächen, die betrieblichen, öffentlichen oder sonstigen Zwecken dienen und keine Wohnfläche sind.

Beispiele:

- Büroräume, Verkaufsläden, Werkstätten,
- Wartezimmer,
- Labore,
- Vereinsräume,
- Flächen, die zur Wahrung öffentlich-rechtlicher Aufgaben genutzt werden.

Für die **Berechnung des Verhältnisses** der jeweiligen Wohn- und Nutzflächen gilt zudem Folgendes:

- **Nebenräume**, die in einem Nutzungszusammenhang zur **Wohnfläche** stehen, sind **nicht** einzubeziehen.
- **Nebenräume**, die zur **Nutzfläche** gehören bzw. im Nutzungszusammenhang zu den betrieblichen, öffentlichen oder sonstigen Zwecken stehen, sind **einzubeziehen**.

Beispiel

Auf einem Grundstück befindet sich ein mehrgeschossiges Gebäude, das wie folgt genutzt wird:

420 m² Wohnfläche und 200 m² Nutzfläche, davon:

- 100 m² betrieblich genutzte Flächen,
- 30 m² Kellerräume, die in Zusammenhang mit der Wohnfläche stehen,
- 70 m² Kellerräume, die in Zusammenhang mit den betrieblichen Flächen stehen.

Berechnung des Verhältnisses:

- insgesamt zu berücksichtigende Wohn- und Nutzfläche: 420 m² + 100 m² + 70 m² = 590 m²
- Wohnfläche, die zu berücksichtigen ist: 420 m²
- → 420 m² : 590 m² = 71,18%

71,18% der Wohn-/Nutzfläche dienen betrieblichen Zwecken. Damit sind es unter 80% und damit ist es ein gemischt genutztes Grundstück.

Bei der Festlegung der Grundstücksart ist **stets die gesamte wirtschaftliche Einheit** zu betrachten. Das gilt auch, wenn sich auf einem Grundstück mehrere Gebäude oder Gebäudeteile unterschiedlicher Bauart oder Nutzung befinden.

Beispiel

Zu einer wirtschaftlichen Einheit gehören zwei aneinander grenzende Gebäude. In dem einen Gebäude befindet sich eine Wohneinheit und in dem anderen Gebäude befinden sich zwei Wohneinheiten. Die Wohneinheiten erfüllen jeweils den Begriff der Wohnung. Bewertungsrechtlich handelt es **sich um eine wirtschaftliche Einheit** mit mehr als zwei Wohnungen (= Mietwohngrundstück). Dass die Gebäude, würden sie jeweils eine selbstständige wirtschaftliche Einheit bilden, als Ein- bzw. Zweifamilienhaus einzuordnen wären, ist unerheblich.

5.6.3 Ausgewählte Beispiele zu den Grundstücksarten

Grundstücksart	Beispiele
Einfamilienhaus	Einfamilienhaus mit einem im Erdgeschoss befindlichen Büro eines Steuerberaters, wenn das Büro nicht mehr als 50% der Wohn-/Nutzfläche ausmacht und die Mitbenutzung die Eigenart als Einfamilienhaus nicht wesentlich beeinträchtigt
Zweifamilienhaus	– Zweifamilienhaus mit zwei voneinander abgetrennten Wohnungen – Wohngrundstücke, die eine Hauptwohnung und eine Einliegerwohnung enthalten, wenn die Einliegerwohnung alle erforderlichen Merkmale einer Wohnung i.S.d. § 249 Absatz 10 BewG enthält
Mietwohngrundstücke	– Drei- und Mehrfamilienhäuser – Grundstücke mit mindestens drei Wohnungen und einem geringen gewerblichen oder freiberuflich genutzten Teil (gemischte Nutzung) sind den Mietwohngrundstücken zuzurechnen, sofern dieser Teil weniger als 20% beträgt, gemessen an der Wohn-/Nutzfläche – Aufwendig gebaute Villa mit einer großzügigen Hauptwohnung und mehreren Wohnungen für Bedienstete
Geschäftsgrundstücke	– Fabrikgrundstücke – Tankstellen – Werkstatt – Hotels – Krankenhäuser – Bankgebäude – Öffentliche Verwaltungsgebäude – Bürogebäude – Auch Grundstücke, die zum Teil eigenen oder fremden betrieblichen (gewerblich, freiberuflich) oder öffentlichen Zwecken und zu weniger als 20% Wohnzwecken dienen, gemessen an der Wohn- /Nutzfläche.
Gemischt genutzte Grundstücke	– Gebäude mit Geschäftsräumen im Erdgeschoss und im ersten Obergeschoss sowie Wohnungen im zweiten und dritten Obergeschoss. – Wohn- und Geschäftshaus, das Laden- und Gewerberäume enthält und zu mehr als 20%, aber weniger als 80% betrieblichen oder öffentlichen Zwecken dient, gemessen an der Wohn-/Nutzfläche. Nach Ausschlussverfahren, also wenn eine andere Grundstücksart wie Einfamilienhaus, Zweifamilienhaus, Mietwohngrundstück, Wohnungseigentum, Teileigentum oder Geschäftsgrundstück nicht greift.

Grundstücksart	Beispiele

Sonstige bebaute Grundstücke	– Bebaute Grundstücke, die weder Wohnzwecken noch betrieblichen oder öffentlichen Zwecken diesen.
	– Nicht ganzjährig bewohnbare Wochenendhäuser wie
	  – Bootshäuser
	  – Schützenhallen
	  – Jagdhütten
	  – Clubhäuser
	  – Vereinshäuser
	  – Turnhallen
	– An privat vermietete Garagengrundstücke.

Tab. 5.2 Ausgewählte Beispiele zu den Grundstücksarten

5.6.4 Begriff der Wohnung

Erstmalig ist der Begriff der Wohnung im bewertungsrechtlichen Sinn für Zwecke der Grundsteuer in § 249 Absatz 10 BewG wie folgt definiert:

> *„Eine Wohnung ist in der Regel die **Zusammenfassung mehrerer Räume**, die in ihrer Gesamtheit so beschaffen sein müssen, dass den Bewohnern die Führung eines selbstständigen Haushalts möglich ist. Die Zusammenfassung der Räume muss eine von anderen Wohnungen oder Räumen, insbesondere Wohnräumen, baulich getrennte, in sich abgeschlossene Wohneinheit bilden und einen selbstständigen Zugang haben. Daneben ist es erforderlich, dass die für die Führung eines selbstständigen Haushalts notwendigen Nebenräume (Küche, Bad oder Dusche, Toilette) vorhanden sind. Die Wohnfläche soll mindestens 20 Quadratmeter betragen.“*

Auch sog. Tiny Houses oder Wohnungen in einem Studentenwohnheim, deren Wohnfläche die Größe von 20 m² unterschreitet, können nach der Verkehrsanschauung eine Wohnung im bewertungsrechtlichen Sinne darstellen.[9]

[9] A 249.10 Satz 6 AEBewGrSt.

5.7 Mindestwert

Der für das **bebaute Grundstück** anzusetzende Wert darf **nicht geringer sein als 75 Prozent des Werts, mit dem der Grund und Boden allein als unbebautes Grundstück** zu bewerten wäre (sog. Mindestwert, siehe § 251 Absatz 1 BewG, § 247 BewG). Bei der Ermittlung des Mindestwerts ist für **Ein- und Zweifamilienhäuser ein Umrechnungskoeffizient** nach Anlage 36 BewG zur Berücksichtigung abweichender Grundstücksgrößen anzuwenden, der von der Finanzverwaltung anhand der ihr vorliegenden Unterlagen ermittelt wird (§ 257 Absatz 1 Satz 2 BewG).

5.8 Kein Nachweis des niedrigeren gemeinen Werts

Für die Grundsteuerbewertung ist nicht die Möglichkeit des Nachweises eines niedrigeren gemeinen Werts gegeben. Dies war bislang bei der Grundbesitzbewertung (vgl. § 198 BewG) anders. Damit ist es dem Steuerpflichtigen nicht möglich, einen vom Grundsteuerwert abweichenden niedrigeren (Verkehrs-)Wert für das Grundstück nachzuweisen. Somit können grundsätzlich mögliche **Überbewertungen** bei Grundstücken, die mit Baumängeln, Bauschäden, Modernisierungsstau o.Ä. belastet oder wirtschaftlich überaltert sind, nicht vermieden werden.

5.9 Die Bewertung der bebauten Grundstücke

5.9.1 Das Ertragswertverfahren im Überblick

Gesetzlich vorgeschrieben ist in § 250 Absatz 2 BewG, dass im Ertragswertverfahren folgende Grundstücksarten zu bewerten sind:

- Einfamilienhäuser
- Zweifamilienhäuser
- Mietwohngrundstücke
- Wohnungseigentum

Damit wird der **Großteil der Grundstücke**, schätzungsweise ca. 24 Millionen wirtschaftliche Einheiten und damit ca. 2/3 aller wirtschaftlichen Einheiten, im Ertragswertverfahren bewertet. Hiernach wird für diese Grundstücke der **marktüblich erzielbare Ertrag** ermittelt.

Laut Gesetzgebung kommt im Rahmen der steuerlichen Massenbewertung das Ertragswertverfahren insbesondere in solchen Fällen in Betracht, in denen der objektivierte-reale Wert **durch einen Sollertrag bestimmt wird** und dieser durch realitätsgerechte, statistische Erträge abgeleitet werden kann. Die Wertermittlung kann dadurch für den **Großteil der Fälle anwenderfreundlich** ausgestaltet werden. Auf eine **Ortsbesichtigung** kann regelmäßig und auf **Sachverständigengutachten gänzlich verzichtet** werden.

Für **Zwecke der Grundsteuer** wird der Ertragswert am Bewertungsstichtag aus dem über die Restnutzungsdauer des **Gebäudes kapitalisierten jährlichen Reinertrag des Grundstücks** (Erträge aus Grund und Boden sowie Gebäude) **zuzüglich** des abgezinsten Bodenwerts ermittelt (§ 252 Satz 1 i.V.m. §§ 253, 257 BewG).

Mit dem Grundsteuerwert sind die Werte für den Grund und Boden, die Gebäude und die baulichen Anlagen, insbesondere Außenanlagen und die sonstigen Anlagen, **abgegolten**.

Praxistipp:
Besondere **objektspezifische Grundstücksmerkmale**, wie z.B. Baumängel oder Bauschäden, Renovierungsstau, wirtschaftliche Überalterung oder Bodenverunreinigung, sind im Rahmen dieser typisierenden Wertermittlung nicht gesondert zu ermitteln und **werden nicht berücksichtigt**.

Für die Bewertung wird daher nicht auf die ortsübliche oder Ist-Mieten abgestellt. Vielmehr bildet die aus dem Mikrozensus des Statistischen Bundesamtes abgeleitete **durchschnittliche Nettokaltmiete** je m^2 Wohnfläche die Grundlage. Diese ist in **Anlage 39 zum BewG** enthalten und wird unterteilt in Bundesland, Grundstücksart (benannt als Gebäudeart), Wohnungsgröße und Baujahr des Gebäudes.

Es ist zu beachten, dass für die vierte Grundstücksart des **Wohnungseigentums** die Nettokaltmieten für Mietwohngrundstücke entsprechend gelten.

Außerdem ist zu beachten, dass Flächen, die zu anderen als Wohnzwecken genutzt werden (Nutzfläche für z.B. Verkaufsräume oder Büros), als Wohnfläche gelten. Für diese Flächen ist bei Mietwohngrundstücken die für Wohnungen mit einer Fläche unter 60 m^2 geltende monatliche Nettokaltmiete in Euro/m^2 Nutzfläche (ohne Zubehörräume) anzusetzen. Bei Ein- und Zweifamilienhäusern sind diese Flächen zu der jeweiligen Wohnfläche zu addieren.

Die Nettokaltmiete für einen (Tief-)**Garagenstellplatz ist mit einem Festwert** in Höhe von 35 Euro/Monat festgelegt. Andere Außenstellplätze, wie z.B. ein Carport, bleiben außer Ansatz.

Nach Ermittlung der maßgeblichen Nettokaltmiete erfolgt die Anpassung an die **Mietniveaustufen**, die gemeindebezogen vorgegeben werden und sich aus der Verordnung zur Einstufung der Gemeinden in eine Mietniveaustufe i.S.d. § 254 BewG (Mietniveau-Einstufungsverordnung) ergeben.[10]

Die **Restnutzungsdauer** ist grundsätzlich der **Unterschiedsbetrag** zwischen der wirtschaftlichen Gesamtnutzungsdauer, die sich aus **Anlage 38 zum BewG** ergibt, und dem Alter des Gebäudes im Hauptfeststellungszeitpunkt.

Bei einer Kernsanierung ist von einer **wesentlichen Verlängerung der wirtschaftlichen Gesamtnutzungsdauer** auszugehen. Daher beträgt im Jahr der Kernsanierung die Restnutzungsdauer aus **Vereinfachungsgründen 90 Prozent** der wirtschaftlichen Gesamtnutzungsdauer des Gebäudes. Als Jahr der Kernsanierung gilt das Jahr, in dem die Kernsanierung **abgeschlossen** wurde.

Eine Kernsanierung liegt vor, wenn nicht nur der Ausbau (u.a. Heizung, Fenster und Sanitäreinrichtungen) umfassend modernisiert, sondern auch der Rohbau, jedenfalls teilweise, erneuert worden ist. Bauliche Maßnahmen an nicht tragenden Bauteilen (z.B. Neugestaltung der Fassade) verlängern die Gesamtnutzungsdauer allein nicht wesentlich. Durch eine Kernsanierung wird das Gebäude **in einen Zustand versetzt**, der nahezu einem neuen Gebäude entspricht. **Voraussetzungen**

---

10 Mietniveau-Einstufungsverordnung – MietNEinV – vom 18.8.2021; BGBl. I 2021 S. 3738. Die Verordnung ist am 27.8.2021 in Kraft getreten.

für das Vorliegen einer Kernsanierung sind insbesondere die komplette Erneuerung

- der Dacheindeckung,
- der Fassade,
- der Innen- und Außenwände mit Ausnahme der tragenden Wände,
- der Fußböden und Fenster,
- der Innen- und Außentüren sowie
- sämtlicher technischen Systeme, wie z.B. der Heizung einschließlich aller Leitungen, des Abwassersystems einschließlich der Grundleitungen, der elektrischen Leitungen und der Wasserversorgungsleitungen.

Die Restnutzungsdauer eines noch nutzbaren Gebäudes beträgt **mindestens 30 Prozent der wirtschaftlichen Gesamtnutzungsdauer**. Nur bei bestehender **Abbruchverpflichtung** für das Gebäude kann die Mindest-Restnutzungsdauer unterschritten und somit **verkürzt** werden. In diesem Fall begrenzt sich die Restnutzungsdauer auf den Unterschiedsbetrag zwischen der tatsächlichen Gesamtnutzungsdauer und dem Alter des Gebäudes im Hauptfeststellungszeitpunkt.

Bei **Wohngrundstücken** gilt für alle Gebäude und Gebäudeteile – unabhängig von ihrer Nutzung – eine Gesamtnutzungsdauer von **achtzig Jahren**. Dies gilt auch für Garagen und Nebengebäude.

Ergeben sich bei einer wirtschaftlichen Einheit aus **mehreren selbstständigen Gebäuden oder Gebäudeteilen** unterschiedliche Restnutzungsdauern, ist eine **gewogene Restnutzungsdauer** unter Berücksichtigung der jeweiligen Roherträge zu ermitteln. Anbauten teilen grundsätzlich aufgrund ihrer Bauart oder Nutzung das Schicksal des Hauptgebäudes. Für Aufstockungen ist grundsätzlich das Baujahr der unteren Geschosse zu Grunde zu legen.

Die **Bewirtschaftungskosten**, wie z.B. jährliche Verwaltungskosten, Betriebskosten, Instandhaltungskosten, ergeben sich aus den pauschalierten Erfahrungssätzen nach **Anlage 40 zum BewG**. Zinsen für Hypothekendarlehen, Grundschulden oder sonstige Zahlungen für auf dem Grundstück lastende privatrechtliche Verpflichtungen bleiben unberücksichtigt. Die Bewirtschaftungskosten werden **in Abhängigkeit von den unterschiedlichen Grundstücksarten und nach der jeweiligen Restnutzungsdauer** der Gebäude differenziert. Eine verlängerte, verkürzte oder gewogene Restnutzungsdauer sowie die Mindest-Restnutzungsdauer sind hierbei zu berücksichtigen. Ein Ansatz in tatsächlicher Höhe ist ausgeschlossen.

Zur Ermittlung des kapitalisierten Reinertrags ist der jährliche Reinertrag zu kapitalisieren. Der dafür maßgebende **Vervielfältiger** ergibt sich gemäß § 253 Absatz 2 Satz 2 BewG in Abhängigkeit vom Liegenschaftszinssatz und von der Restnutzungsdauer des Gebäudes. **Liegenschaftszinssätze** sind die Zinssätze, mit denen der Wert von Grundstücken, abhängig von der Grundstücksart, durchschnittlich und marktüblich verzinst wird. Diese sind **gesetzlich in § 256 BewG festgelegt.**

Bei der Bewertung von **Ein- und Zweifamilienhäusern verringert** sich der Liegenschaftszinssatz um jeweils 0,1 Prozentpunkte je volle 100 Euro, um die der Bodenrichtwert oder Bodenwert nach § 247 Absatz 3 BewG je Quadratmeter die Grenze von 500 Euro/m^2 übersteigt. Ab einem Bodenrichtwert oder Bodenwert je m^2 in Höhe von 1.500 Euro/m^2 wird ein einheitlicher Liegenschaftszinssatz von 1,5% angewendet.

Ähnliches gilt auch bei der Bewertung von **Wohnungseigentum.** Bei dieser Grundstücksart **verringert** sich der obige Liegenschaftszinssatz gemäß § 256 Absatz 3 BewG um jeweils 0,1 Prozentpunkte für jede volle 100 Euro, um die der Bodenrichtwert oder der Bodenwert je Quadratmeter den Betrag von 2.000 Euro/m^2 übersteigt. Ab einem Bodenrichtwert oder Bodenwert je Quadratmeter in Höhe von 3.000 Euro/m^2 beträgt der Liegenschaftszinssatz für Wohnungseigentum einheitlich 2,0%.

Zur Ermittlung des abgezinsten Bodenwerts ist – wie für ein unbebautes Grundstück – vom Bodenwert nach § 247 BewG auszugehen, der mittels **Abzinsungsfaktor nach Anlage 41 zum BewG** abgezinst wird.

Zu beachten bei der Bewertung von **Ein- und Zweifamilienhäusern** ist, dass zur Berücksichtigung abweichender Grundstücksgrößen beim Bodenwert die **Umrechnungskoeffizienten nach Anlage 36 zum BewG** anzuwenden sind. Hintergrund der Regelung ist, dass der Bodenwert bei kleiner werdenden Grundstücken ab einer Grundstücksgröße von ca. 500 m^2 regelmäßig überproportional ansteigt.

	Schema Ertragswertverfahren	Hinweis zu Anlagen in BewG, Erläuterung
	Wohnfläche	
x	Listenmiete	Nettokaltmiete pro Monat in Anlage 39 zum BewG
+/-	Mietniveau	
x	12 Monate	
+	Anzahl (Tief-)Garagenstellplätze	
x	Festwert Garagenstellplatz	35 EUR/Monat - Anlage 39 zum BewG
+/-	Mietniveau	
x	12 Monate	
=	jährlicher Rohertrag des Grundstücks	§ 254 BewG
-	nicht umlagefähigen Bewirtschaftungskosten	Anlage 40 zum BewG, § 255 BewG
	wirtschaftliche Gesamtnutzungsdauer	80 Jahre - Anlage 38 zum BewG
-	Alter des Gebäudes (HFZ 1.1.2022 - Baujahr)	Baujahr Kernsanierung = Verlängerung Abbruchverpflichtung = Verkürzung
=	Restnutzungsdauer beachte: Mindestrestnutzungsdauer 30% der wirtschaftl. Gesamtnutzungsdauer 80 Jahre = 24 Jahre pauschalierte Bewirtschaftungskosten in % anhand Restnutzungsdauer gem. Anlage 40 zum BewG ergibt Abzugsbetrag	
=	jährlicher Reinertrag	§ 253 BewG
x	Vervielfältiger unter Berücksichtigung Liegenschaftszinssatz in % gem. § 256 BewG und der Restnutzungsdauer beachte: Minderung Liegenschaftszinssatz für - EFH / ZFH mit BRW > 500 Euro bis 1.500 Euro und mehr - WET mit BRW > 2.000 Euro bis 3.000 Euro und mehr	Anlage 37 zu BewG
=	Barwert des Reinertrags	
+	abgezinster Bodenwert	
	Grundstücksfläche	§ 247 BewG
x	Bodenrichtwert HFZ 1.1.22	§ 247 BewG
x	Umrechnungskoeffizient EFH / ZFH	Anlage 36 zum BewG, § 257 BewG
=	Bodenwert	
x	Abzinsungsfaktor unter Berücksichtigung des Liegenschaftszinssatzes und der Restnutzungsdauer, § 257 BewG	Anlage 41 zum BewG
	Anwendung Umrechnungskoeffizient bei EFH / ZFH für	
=	**Grundsteuerwert abgerundet auf volle 100 EUR**	
	Prüfung Mindestwert	§ 251 BewG
	Bodenwert	
x	75% Prozentsatz für Mindestwert	
=	Mindestwert	

Abb. 9 Berechnungsschema Ertragswertverfahren

Für die Bewertung des Grundvermögens im Ertragswertverfahren werden die grün markierten Informationen benötigt. Diese sind in folgender Übersicht zusammengefasst.

- Fläche des Grundstücks in m^2
- Anzahl der (Tief-)Garagenstellplätze
- Baujahr
- ggf. Jahr zum Abschluss der Kernsanierung
- ggf. Jahr für Abbruchverpflichtung
- Wohnfläche in m^2
  - EFH/ZFH/Wohnungseigentum: Summe der Wohn- und Nutzfläche
  - Mitwohngrundstücke:

- Wohnfläche gesondert angeben und unterteilt in die Anzahl der Wohnungen je nach Größe
  - unter 60 m²
  - von 60 m² bis unter 100 m²
  - über 100 m²
- Nutzfläche in m² gesondert angeben

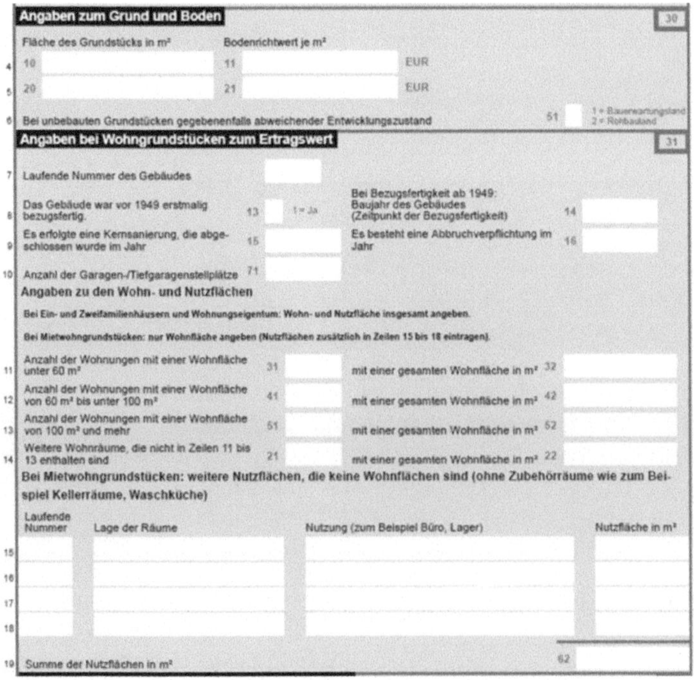

Angaben zum Grund und Boden 30

	Fläche des Grundstücks in m²		Bodenrichtwert je m²	
4	10	11		EUR
5	20	21		EUR

6 Bei unbebauten Grundstücken gegebenenfalls abweichender Entwicklungszustand 51 1 = Bauerwartungsland 2 = Rohbauland

Angaben bei Wohngrundstücken zum Ertragswert 31

7 Laufende Nummer des Gebäudes

8 Das Gebäude war vor 1949 erstmalig bezugsfertig. 13 1 = Ja — Bei Bezugsfertigkeit ab 1949: Baujahr des Gebäudes (Zeitpunkt der Bezugsfertigkeit) 14

9 Es erfolgte eine Kernsanierung, die abgeschlossen wurde im Jahr 15 — Es besteht eine Abbruchverpflichtung im Jahr 16

10 Anzahl der Garagen-/Tiefgaragenstellplätze 71

Angaben zu den Wohn- und Nutzflächen

Bei Ein- und Zweifamilienhäusern und Wohnungseigentum: Wohn- und Nutzfläche insgesamt angeben.

Bei Mietwohngrundstücken: nur Wohnfläche angeben (Nutzflächen zusätzlich in Zeilen 15 bis 18 eintragen).

11	Anzahl der Wohnungen mit einer Wohnfläche unter 60 m²	31	mit einer gesamten Wohnfläche in m²	32	
12	Anzahl der Wohnungen mit einer Wohnfläche von 60 m² bis unter 100 m²	41	mit einer gesamten Wohnfläche in m²	42	
13	Anzahl der Wohnungen mit einer Wohnfläche von 100 m² und mehr	51	mit einer gesamten Wohnfläche in m²	52	
14	Weitere Wohnräume, die nicht in Zeilen 11 bis 13 enthalten sind	21	mit einer gesamten Wohnfläche in m²	22	

Bei Mietwohngrundstücken: weitere Nutzflächen, die keine Wohnflächen sind (ohne Zubehörräume wie zum Beispiel Kellerräume, Waschküche)

	Laufende Nummer	Lage der Räume	Nutzung (zum Beispiel Büro, Lager)	Nutzfläche in m²
15				
16				
17				
18				

19 Summe der Nutzflächen in m² 62

Abb. 10 Auszug aus der Feststellungserklärung – Anlage Grundstück (GW-2) für Ertragswert

5.9.2 Das Sachwertverfahren im Überblick

Gesetzlich vorgeschrieben ist in § 250 Absatz 3 BewG, dass im Sachwertverfahren folgende Grundstücksarten zu bewerten sind:

- Geschäftsgrundstücke
- Gemischt genutzte Grundstücke
- Teileigentum
- Sonstige bebaute Grundstücke

Im Sachwertverfahren ermittelt sich der **Gebäudesachwert** auf der Grundlage von **Normalherstellungskosten** und **getrennt vom Bodenwert.** Der Bodenwert ist wie bei einem unbebauten Grundstück nach Maßgabe des § 247 BewG zu ermitteln. Die **Summe aus Gebäudesachwert und Bodenwert ergibt den vorläufigen Sachwert**, der zur Ermittlung des Grundsteuerwerts mit einer **Wertzahl** nach § 260 BewG i.V.m. Anlage 43 zum BewG zu multiplizieren ist.

Bauliche Anlagen, insbesondere die Außenanlagen – wie z.B. befestigte Wege und Plätze, Außenstellplätze, Einfriedungen – und die sonstigen Anlagen sind mit dem Sachwert **abgegolten.** Grund ist, dass die Normalherstellungskosten pauschal um 3% erhöht wurden.

Praxistipp:
Besondere objektspezifische Grundstücksmerkmale, wie z.B. wirtschaftliche Überalterung, Baumängel oder Bauschäden, sind nicht gesondert zu ermitteln und zu berücksichtigen.

Für die Normalherstellungskosten ist nicht von den tatsächlichen, sondern von den **gewöhnlichen Herstellungskosten** für die jeweilige Gebäudeart und Flächeneinheit auszugehen. Die Normalherstellungskosten ergeben sich **abhängig von der Gebäudeart und dem Baujahr** aus der **Anlage 42 zum BewG** und müssen nicht vom Steuerpflichtigen ermittelt werden.

Entscheidend für die Einstufung des Gebäudes oder Gebäudeteils ist die vorgegebene Gebäudeart in Anlage 42 zum BewG. Hierfür maßgebend ist allein das durch **die Hauptnutzung entstandene Gesamtgepräge.** Zur Hauptnutzung gehörende übliche Nebenräume, wie z.B. Lager- und Verwaltungsräume bei Warenhäusern oder separater Büroraum im Autohaus, sind entsprechend dem Gesamtgepräge der Hauptnutzung zuzurechnen.

Gebäudeart		Baujahrgruppe		
		vor 1995	1995–2004	ab 2005
1	Gemischt genutzte Grundstücke (Wohnhäuser mit Mischnutzung)	695	886	1 118
2	Banken und ähnliche Geschäftshäuser	736	937	1 494
3	Bürogebäude, Verwaltungsgebäude	839	1 071	1 736
4	Gemeindezentren, Vereinsheime, Saalbauten, Veranstaltungsgebäude	1 004	1 282	1 555
5	Kindergärten (Kindertagesstätten), allgemeinbildende Schulen, berufsbildende Schulen, Hochschulen, Sonderschulen	1 164	1 488	1 710
6	Wohnheime, Internate, Alten-, Pflegeheime	876	1 118	1 370

Abb. 11 Auszug aus der Anlage 42, Teil II zum BewG

Nach Tz. 20 der Anlage 42, Teil II zum BewG und nach der Anlage 38 zum BewG sind für nicht aufgeführte Gebäudearten die Normalherstellungskosten sowie die wirtschaftliche Gesamtnutzungsdauer aus vergleichbaren Gebäudearten **abzuleiten.** Die folgende Aufstellung enthält einige Ableitungsbeispiele.[11] Darin ist auch die wirtschaftliche Gesamtnutzungsdauer jeweils genannt.

Nicht aufgeführte Gebäudeart	Vergleichbar mit Gebäudeart	Gesamtnutzungsdauer	Gebäudeart
Abfertigungsgebäude, Terminal, Bahnhofshalle	Betriebs- und Werkstätten, mehrgeschossig, hoher Hallenanteil; industrielle Produktionsgebäude, überwiegend Skelettbauweise	40 Jahre	11.2
Apotheke, Boutique, Laden	Kauf- und Warenhäuser	50 Jahre	10.2
Bar, Tanzbar, Nachtclub	Beherbergungsstätten, Hotels, Verpflegungseinrichtungen	40 Jahre	8
Baumarkt, Discountermarkt, Gartenzentrum	Verbrauchermärkte	30 Jahre	10.1
Bürgerhaus	Gemeindezentren, Saalbauten, Veranstaltungsgebäude, Vereinsheime	40 Jahre	4
Einkaufszentrum (Shopping-Center, Shopping-Mall)	Kauf- und Warenhäuser	50 Jahre	10.2

Abb. 12 Ableitungsbeispiele

[11] A 259.2 Absatz 2 AEBewGrSt.

In der Feststellungserklärung ist die Gebäudeart oder eben die vergleichbare Gebäudeart anzugeben.

Die Normalherstellungskosten sind auf dem **Kostenstand 2010** ermittelt worden. Sie müssen daher gemäß den zum Hauptfeststellungszeitpunkt maßgebenden Baupreisindizes, welche vom Statistischen Bundesamt für Neubau in konventioneller Bauart von Nichtwohngebäuden ermittelt werden, angepasst werden. Das Bundesministerium der Finanzen veröffentlicht die **maßgebenden Baupreisindizes im Bundessteuerblatt.** Diese Preisindizes sind für **alle Bewertungsstichtage des folgenden Hauptfeststellungszeitraums anzuwenden.**

Im Sachwertverfahren ist die **Brutto-Grundfläche** maßgebend und diese unterscheidet sich von dem Begriff der Wohn-/Nutzfläche. Im Regelfall führt die Brutto-Grundfläche zu einer größeren Quadratmeterzahl im Vergleich zur Wohn-/Nutzfläche. Im Gegensatz zur Wohnfläche gehört ein nicht ausgebauter **Dachboden oder Keller** grundsätzlich zur Brutto-Grundfläche.

Definition der Brutto-Grundfläche (BGF): Nach DIN 277 ergibt sich die BGF eines Gebäudes aus der Summe der nutzbaren Grundflächen aller Grundrissebenen und ihrer konstruktiven Umschließung.

Die BGF bemisst sich nach den äußeren Abmessungen eines Gebäudes:

- Unterscheidung der Grundfläche in folgende Bereiche:
  - Bereich **a**: überdeckt und allseitig in voller Höhe umschlossen
  - Bereich **b**: überdeckt, jedoch nicht allseitig in voller Höhe umschlossen
  - Bereich c: nicht überdeckt
- BGF = Bereiche **a** & **b**
- **Nicht** dazu gehören zum Beispiel
  - Flächen von Balkonen
  - Flächen von Spitzböden
  - Flächen von Kriechkellern
  - Flächen, die ausschließlich der Wartung, Inspektion und Instandsetzung von Baukonstruktionen und technischen Anlagen dienen
  - Flächen unter konstruktiven Hohlräumen, zum Beispiel über abgehängten Decken

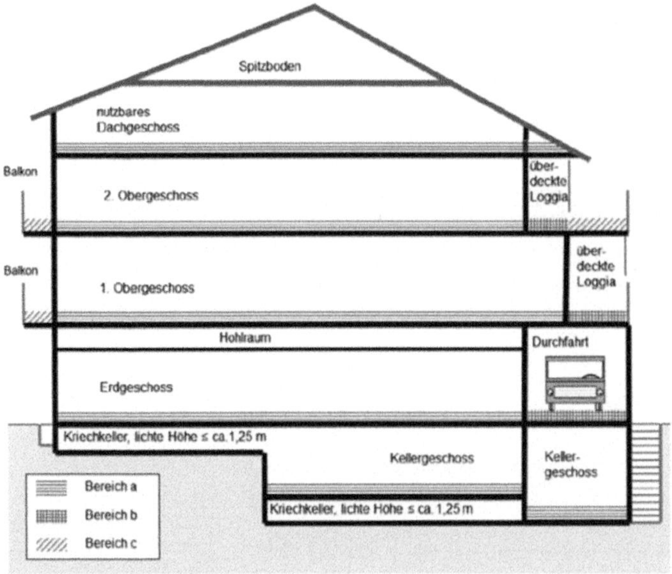

Abb. 13 Veranschaulichung BGF[12]

Für die Anrechnung[13] der **Grundfläche der Dachgeschossebene** gilt Folgendes bei der Ermittlung der Brutto-Grundfläche:

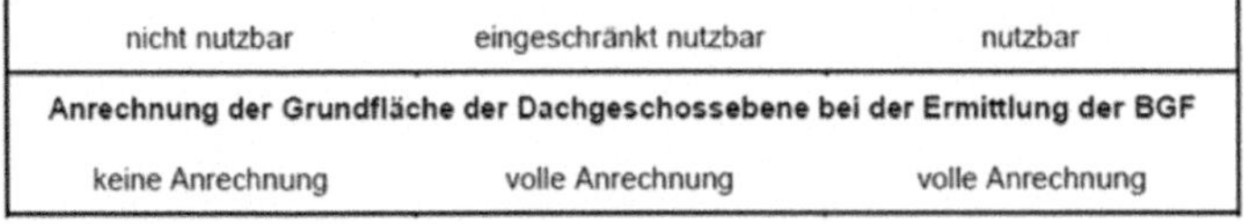

Abb. 14 Anrechnung der Grundfläche für die BGF

[12] A 259.4 Absatz 3 AEBewGrSt.
[13] A 259.4 Absatz 3 AEBewGrSt.

Vom Gebäudenormalherstellungswert ist eine **Alterswertminderung** abzuziehen und daraus ergibt sich der Gebäudesachwert. Die Alterswertminderung wird grundsätzlich nach dem Verhältnis des Alters des Gebäudes im Hauptfeststellungszeitpunkt zur typisierten wirtschaftlichen Gesamtnutzungsdauer nach **Anlage 38 zum BewG** bestimmt. Es bestehen aus **Vereinfachungsgründen keine Bedenken**, das Alter des Gebäudes durch Abzug des Jahres der Bezugsfertigkeit des Gebäudes (Baujahr) vom Jahr des Hauptfeststellungszeitpunkts zu bestimmen. Die Alterswertminderung ist auf **maximal 70 Prozent des Gebäudenormalherstellungswerts** begrenzt.

Sind am Gebäude bauliche Maßnahmen in Form einer **Kernsanierung** erfolgt, so wird von einem späteren Baujahr ausgegangen. In diesen Fällen wird das fiktive Baujahr aus **Vereinfachungsgründen aus dem Jahr der Kernsanierung abzüglich zehn Prozent der wirtschaftlichen Gesamtnutzungsdauer** des Gebäudes ermittelt.

Eine Verkürzung der Restnutzungsdauer kommt aufgrund einer **Abbruchverpflichtung** in Betracht. In diesem Fall ist die tatsächliche Restnutzungsdauer in Abhängigkeit vom Abbruchzeitpunkt anzusetzen. Das heißt, es ist das Verhältnis des Alters des Gebäudes am Bewertungsstichtag zur tatsächlichen (kürzeren) Gesamtnutzungsdauer maßgebend. Bei bestehender Abbruchverpflichtung für das Gebäude kann dieser Mindestansatz unterschritten werden.

Vergleichbar der Vorgehensweise beim Ertragswertverfahren ist auch im Sachwertverfahren eine „**Mindestwertregelung**" verankert. Demnach ist der Gebäudesachwertwert regelmäßig mit mindestens **30 Prozent des Gebäudenormalherstellungswerts** anzusetzen. Diese Restwertregelung berücksichtigt, dass auch ein älteres Gebäude, das laufend instand gehalten wird und daher noch benutzbar ist, ggf. trotz Ablaufs der typisierten wirtschaftlichen Gesamtnutzungsdauer einen verbleibenden Wert hat.

Der **vorläufige Sachwert** ergibt sich aus der Addition von Bodenwert und Gebäudesachwert. Dieser ist gemäß § 260 BewG zur Ermittlung des Grundsteuerwerts des Grundstücks mit der sich aus der **Anlage 43 zum BewG** ergebenden **Wertzahl** zu multiplizieren. Diese **Marktanpassung** ist erforderlich, um den im Wesentlichen nur kostenorientierten vorläufigen Sachwert an die allgemeinen Wertverhältnisse auf dem örtlichen Grundstücksmarkt anzupassen und damit die Lage auf dem Grundstücksmarkt einschließlich der regionalen Baupreisverhältnisse zu berücksichtigen.

	Schema Sachwertverfahren	Hinweis zu Anlagen in BewG, Erläuterung
	Brutto-Grundfläche	
x	Normalherstellungskosten	Anlage 42 zum BewG, § 259 Abs. 1 BewG
x	Baupreisindex	§ 259 Abs. 3 BewG
=	Gebäudenormalherstellungswert	§ 259 Abs. 1 BewG
-	Alterswertminderung (max. 70%)	Anlage 38 zum BewG, § 259 Abs. 4 BewG
-	Alter des Gebäudes (HFZ 1.1.2022 - Baujahr)	Baujahr Kernsanierung = Verlängerung Abbruchverpflichtung = Verkürzung
./.	wirtschaftliche Gesamtnutzungsdauer	80 Jahre - Anlage 38 zum BewG
=	Alterswertminderung in %	
=	Gebäudesachwert	
Prüfung Mindestwert		190 Abs. 4 Satz 5 BewG
	Gebäudenormalherstellungswert	
x	30% Prozentsatz für Mindestwert	
=	Mindestwert	
	Bodenrichtwert	
x	Grundstücksfläche	
=	Bodenwert	
	Gebäudesachwert	
+	Bodenwert	
=	vorläufiger Sachwert	§ 258 Abs. 3 BewG
x	Wertzahl unter Berücksichtigung des vorläufigen Sachwerts und des Bodenrichtwerts	Anlage 43 BewG, § 260 BewG
=	**Grundsteuerwert abgerundet auf volle 100 EUR**	
Prüfung Mindestwert		§ 251 BewG
	Bodenwert	
x	75% Prozentsatz für Mindestwert	
=	Mindestwert	

Abb. 15 Berechnungsschema Sachwertverfahren

Für die Bewertung des Grundvermögens im Sachwertverfahren werden die grün markierten Informationen benötigt. Diese sind:

- Fläche des Grundstücks in m²
- Baujahr
- ggf. Jahr zum Abschluss der Kernsanierung
- ggf. Jahr für Abbruchverpflichtung
- Brutto-Grundfläche in m²
  - davon für Zivilschutz

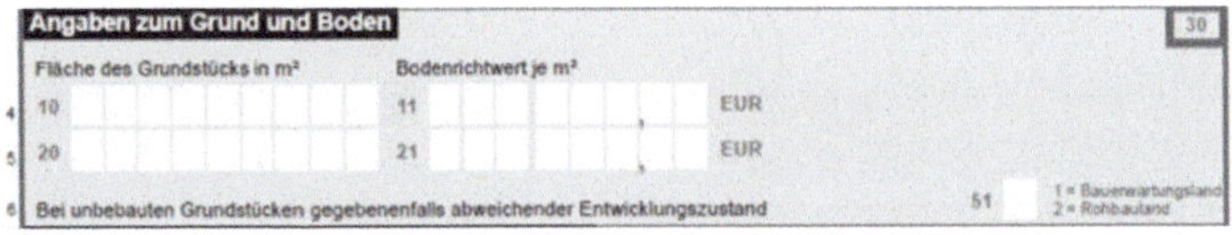
Angaben zum Grund und Boden 30
Fläche des Grundstücks in m² | Bodenrichtwert je m²
4 10 | 11 , EUR
5 20 | 21 , EUR
6 Bei unbebauten Grundstücken gegebenenfalls abweichender Entwicklungszustand 51 1 = Bauerwartungsland 2 = Rohbauland

Abb. 16 Auszug aus der Feststellungserklärung – Anlage Grundstück (GW-2) für Sachwert – Grund und Boden

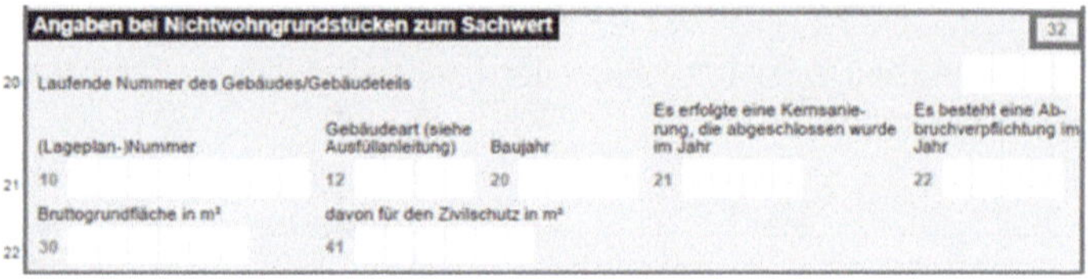

Angaben bei Nichtwohngrundstücken zum Sachwert 32

20 Laufende Nummer des Gebäudes/Gebäudeteils

(Lageplan-)Nummer	Gebäudeart (siehe Ausfüllanleitung)	Baujahr	Es erfolgte eine Kernsanierung, die abgeschlossen wurde im Jahr	Es besteht eine Abbruchverpflichtung im Jahr
21 10	12	20	21	22

Bruttogrundfläche in m²	davon für den Zivilschutz in m²
22 30	41

Abb. 17 Auszug aus der Feststellungserklärung – Anlage Grundstück (GW-2) für Sachwert – Gebäude

5.10 Übersicht zu den notwendigen Informationen für das Bundesmodell

Angaben für die Feststellungserklärung	Unbebaute Grundstücke	Bebaute Grundstücke	
		Wohngrundstücke Ertragswertverfahren	Nichtwohngrundstücke Sachwertverfahren
Basisdaten: – Einheitswert-Aktenzeichen / Steuernummer des Objektes – Anschrift/ Lage Grundstück – Eigentümer mit Steuer-ID – Grundbuchangaben: Gemarkung, Flurstücksnummer, Grundbuchblatt, Fläche, Anteil, der zur wirtschaftlichen Einheit gehört	x	x	x
Bodenrichtwert	x	x	x
Grundstücksart		x	x
Gebäudeart			x
Baujahr		x	x
Jahr zur Kernsanierung / Abbruchverpflichtung		x	x
Wohn- und Nutzfläche Gebäude		x	
Bruttogrundfläche Gebäude, davon Zivilschutz			x

Angaben für die Feststellungserklärung	Unbebaute Grundstücke	Bebaute Grundstücke	
Anzahl Garagen-/ Tiefgaragenstellplätze		x	
Grundsteuerbefreiungen		x	x

Tab. 5.3 Übersicht zu den notwendigen Informationen für das Bundesmodell

5.11 Bundesmodell mit landesspezifischen Steuermesszahlen in Sachsen und im Saarland

Saarland und Sachsen setzen die Bewertungsverfahren des Bundesmodells zur Ermittlung der Grundsteuerwerte um.

Aus dieser Neubewertung des Grundvermögens zum 1.1.2022 ergeben sich geänderte Bemessungsgrundlagen in Form der neuen Grundsteuerwerte. Das führt dazu, dass das Grundsteueraufkommen in den neuen Ländern insgesamt rd. 25% unter dem der alten Länder liegt.[14]

Maßgabe ist jedoch, dass insgesamt die Reform der Grundsteuer nach den Vorstellungen des Gesetzgebers aufkommensneutral gestaltet werden soll. Dies kann sich jedoch nur auf das bisherige Aufkommen beziehen, d.h., das Missverhältnis von alten Ländern zu neuen Ländern bleibt bestehen.

Sachsen hat auf die neuen Grundsteuerwerte reagiert und seine **Steuermesszahlen angepasst.**

Auch im Saarländischen Grundsteuergesetz ist daher eine punktuelle Abweichung zum Bundesmodell enthalten und diese beschränkt sich auf die Festlegung von **saarlandspezifischen Steuermesszahlen**.

[14] Hauptfeststellung der Grundsteuerwerte auf den 1.1.2022, nwb vom 16.01.2022.

Wie bereits in Kapitel 2.2 „Die Steuermesszahl“ dargestellt, sind die Steuermesszahlen in Sachsen und im Saarland wie folgt gesetzlich festgelegt:

	Steuermesszahlen		
	Bundesmodell	Saarland	Sachsen
Unbebaute Grundstücke	0,34 ‰	0,64 ‰	0,34 ‰
Wohngrundstücke	0,31 ‰	0,34 ‰	0,36 ‰
Nichtwohngrundstücke	0,34 ‰	0,64 ‰	0,72 ‰
Land- und Forstwirtschaft	0,55 ‰	0,55 ‰	0,55 ‰

Tab. 5.4 Steuermesszahlen Bundesmodell, Saarland, Sachsen

Sachsen plant im Frühjahr 2022 in gestaffelter Form Informationsschreiben an die Eigentümer zu versenden. Hieraus kann das Einheitswertaktenzeichen dann entnommen werden.

Die für die Feststellungserklärungen zu beschaffenden Informationen in Sachsen und im Saarland entsprechen denen im Bundesmodell wie in Kapitel 5.10 „Übersicht zu den notwendigen Informationen für das Bundesmodell“ dargestellt.

6 Landesmodell Bayern

6.1 Bewertungsverfahren Flächenmodell

Bayern hat die Länderöffnungsklausel genutzt und sich für ein eigenes Modell – das sog. **Flächenmodell** – für das Grundvermögen entschieden. Hierfür ist das Bayerische Grundsteuergesetz vom 10.12.2021 veröffentlich worden. Dahinter steckt ein **wertunabhängiges Verfahren** in der Form, dass sowohl der Bodenrichtwert als auch der Wert der Immobilie keine Rolle spielen.

Bayerns Modell basiert auf dem **Äquivalenzprinzip**. Dahinter steht der Gedanke, dass Bürger und Unternehmen über die Grundsteuer an den Kosten beteiligt werden, die der Kommune durch das Vorhalten von Infrastruktur (Räumdienste, Brandschutz, Spielplätze, kulturelle Einrichtungen etc.) entstehen und die nicht über Beiträge oder Gebühren direkt und individuell von den Nutzern erhoben werden können.

Für die Bewertung sind die auf volle Quadratmeter abgerundeten **Grundstücks- und Gebäudeflächen maßgebend**. Gebäudefläche bei Wohnnutzung ist die Wohnfläche im Sinne der Wohnflächenverordnung. Als Wohnnutzung gilt auch die Nutzung als häusliches Arbeitszimmer. Im Übrigen ist die Nutzfläche des Gebäudes maßgeblich. Die Gebäudefläche ist durch eine geeignete Methode zu ermitteln.

Folgende Flächen sind maßgebend und werden berücksichtigt:

Grundstück gilt als unbebaut, wenn die Gebäudefläche des darauf errichteten Gebäudes weniger als 30 m² beträgt.

- Nutzflächen von Garagen ab 50 m²
- Nutzflächen von Nebengebäuden ab 30 m²

Für die Berechnung des Äquivalenzbetrages sind **Äquivalenzzahlen** gesetzlich vorgeschrieben. Diese betragen

- für das Grundstück 0,04 Euro/m² und
- für Gebäude 0,50 Euro/m².

Vergünstigungen gem. Art. 3 Absatz 1 Satz 2 BayGrStG sind für besonders große Grundstücke vorgesehen:

1. Grundstücksfläche beträgt das Zehnfach der Wohnfläche: Dann wird die Äquivalenzzahl für das Grundstück nur zu 50% angesetzt, wenn das Gebäude zu mindestens 90% Wohnzwecken dient (sog. **„10-50-90-Regel“**).
   Für übersteigende Fläche: Äquivalenzzahl 50% (=0,02 Euro/m^2)

2. Ist die Fläche des Grund und Bodens zu mindestens 90% weder bebaut noch befestigt, wird der Äquivalenzbetrag für die 10.000 m^2 übersteigende Fläche insgesamt wie folgt angesetzt (sog. **„90-10.000-Regel“**):
   $(\text{übersteigende Fläche des Grund und Bodens} \times 0{,}04\ \text{Euro/m}^2)^{0{,}7}$

3. Sind sowohl die Voraussetzungen von Nr. 1 als auch von Nr. 2 erfüllt, wird
   a. für die Fläche bis zum Zehnfachen der Wohnfläche Satz 1,
   b. für die Fläche, die das Zehnfache der Wohnfläche übersteigt und 10.000 m^2 nicht überschreitet, Nr. 1, höchstens jedoch eine Äquivalenzzahl von 0,02 Euro/m^2, und
   c. im Übrigen Nr. 2 angewendet.

Der Äquivalenzbetrag wird mit der Grundsteuermesszahl multipliziert und daraus ergibt sich der **Grundsteuermessbetrag**. Der Grundsteuermessbetrag des Grundstücks ist auf volle Cent nach unten abzurunden.

Die **Grundsteuermesszahlen sind gesetzlich vorgeschrieben** gem. Art. 4 Absatz 1 BayGrStG und betragen:

- Grundsatz 100%
- Wohnflächen 70%

Die Grundsteuermesszahlen werden gem. Art. 4 Absatz 2 BayGrStG auf Antrag bei Vorliegen der Voraussetzungen ermäßigt und stellen sich wie folgt dar:

Nutzung	Ermäßigung	Steuermesszahl
Wohnen im Denkmalobjekt	25% von 70%	52,5%
Wohnen in Sozialwohnungen	25% von 70%	52,5%
Wohnen im Denkmalobjekt und in Sozialwohnung	25% von 70% + 25% von 52,5%	39,4%
Wohnen im Zusammenhang mit LuF-Nutzung	25% von 70%	52,5%
Gewerbe im Denkmalobjekt	25% von 100%	75%

Abb. 18 Steuermesszahlen und deren Ermäßigungen in Bayern

Turnusmäßige Hauptfeststellungen für die Feststellungserklärungen im Grundvermögen sind in diesem Modell **entbehrlich**. Für Betriebe der Land- und Forstwirtschaft muss turnusmäßig alle sieben Jahre erneut eine Grundsteuererklärung abgegeben werden (nächster Stichtag: 1.1.2029).

Im **Feststellungsbescheid** wird die Grundstücksart der wirtschaftlichen Einheit nicht festgestellt. Der Feststellungsbescheid kann mit dem nachfolgenden **Grundsteuermessbescheid** verbunden und zusammengefasst bekannt gegeben werden.

Bayern hat sich ausdrücklich dafür ausgesprochen, die Grundsteuer C als sog. Baulandsteuer nicht anzuwenden.

Die Gemeinden erhalten die Option reduzierter Hebesätze in Fällen der gesetzlich ermäßigten Grundsteuermesszahlen. Neu hinzu kommt zudem, dass die Gemeinde mehrere Hebesatzgebiete mittels Zonierung ausweisen darf.

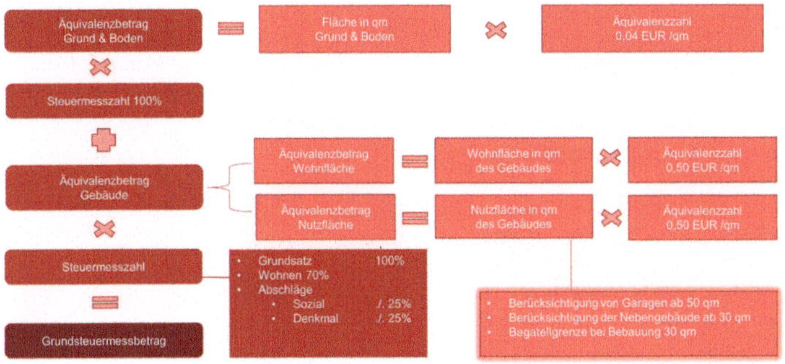

Abb. 19 Bewertungsschema in Bayern

6.2 Übersicht zu den Informationen für das Flächenmodell in Bayern

Angaben für die Grundsteuererklärung	Unbebaute Grundstücke	Bebaute Grundstücke
Basisdaten: – Einheitswert-Aktenzeichen – Anschrift/Lage Grundstück – Eigentümer mit Steuer-ID – Grundbuchangaben: Gemarkung, Flurstücksnummer, Grundbuchblatt, Fläche, Anteil, der zur wirtschaftlichen Einheit gehört	x	x
Wohn- und Nutzfläche Gebäude		x
Grundsteuerermäßigungen: Denkmal, Wohnraumförderung, Sozialwohnungen		x
Grundsteuerbefreiungen	x	x

Tab. 6.1 Übersicht zu den notwendigen Informationen für das Flächenmodell in Bayern

Praxistipp:
Das bayerische Staatsministerium der Finanzen und für Heimat hat Ende Februar 2022 die Erklärungsvordrucke und Ausfüllanleitungen veröffentlicht. Sie stehen als Download auf der Verkündungsplattform Bayern zur Verfügung.[15]

6.3 Anzeige- und Erklärungspflichten in Bayern

Die Erklärungen sind grundsätzlich elektronisch per ELSTER abzugeben. Die Grundsteuererklärungen für die Hauptfeststellung zum 1.1.2022 müssen im **Zeitraum 1. Juli bis 31. Oktober 2022** abgegeben werden. Hierzu werden die Eigentümer im Frühjahr 2022 durch eine Allgemeinverfügung des Bayerischen Landesamts für Steuern **öffentlich aufgefordert.**

[15] Veröffentlichung BayMBl. 2022 Nr. 162 vom 9.3.2022, online unter www.verkuendung-bayern.de/baymbl/2022-162 (abgerufen am 3.5.2022).

Für die Steuerpflichtigen ergeben sich gemäß Art. 6 Absatz 5 Satz 2 BayGrStG **jährliche Anzeigepflichten** zum jeweiligen 1.1. des Folgejahres **bis zum 31. März des Folgejahres**, wenn

- sich die tatsächlichen Verhältnisse ändern, die sich
  - auf die Höhe der Flächen oder der Äquivalenzbeträge auswirken oder
  - zu einer Nachfeststellung oder der Aufhebung der Flächen oder der Äquivalenzbeträge führen können.

7 Landesmodell Hamburg

7.1 Bewertungsverfahren Wohnlagemodell

Hamburg hat auch die Länderöffnungsklausel genutzt und sich dazu am bayerischen Flächenmodell orientiert. Demnach ist die Entscheidung für ein sog. „**Wohnlagemodell**" gefallen. Die Bürgerschaft hat den Gesetzesentwurf am 18.8.2021 mehrheitlich gebilligt.

Hierbei wird die Grundsteuer B für **Wohngebäude** vorrangig anhand der Grundstücksgröße, der Gebäudefläche und der Wohnlage des Grundstücks ermittelt, basierend auf Äquivalenzzahlen.

Wie im Flächenmodell Bayern sind in Hamburg für die Bewertung die auf volle Quadratmeter abgerundeten **Grundstücks- und Gebäudeflächen maßgebend.** Gebäudeflächen bei Wohnnutzung sind die Wohnflächen im Sinne der Wohnflächenverordnung. Als Wohnnutzung gilt auch die Nutzung als häusliches Arbeitszimmer. Im Übrigen ist die Nutzfläche des Gebäudes maßgeblich. Die Gebäudefläche ist durch eine geeignete Methode zu ermitteln.

Folgende Flächen sind maßgebend und werden berücksichtigt:

Grundstück gilt als unbebaut, wenn die Gebäudefläche des darauf errichteten Gebäudes weniger als 30 m² beträgt.

- Nutzflächen von Garagen ab 50 m²
- Nutzflächen von Nebengebäuden ab 30 m²

Für die Berechnung des Äquivalenzbetrages sind **Äquivalenzzahlen** gesetzlich vorgeschrieben. Diese betragen

- für das Grundstück 0,04 Euro/m² und
- für Gebäude 0,50 Euro/m².

Vergünstigungen gem. § 3 Absatz 1 Nr. 1 und 2 HmbGrStG sind für besonders große Grundstücke vorgesehen:

1. Grundstücksfläche beträgt das Zehnfache der Wohnfläche: Dann wird die Äquivalenzzahl für das Grundstück nur zu 50% angesetzt,

wenn das Gebäude zu mindestens 90% Wohnzwecken dient (sog. **„10-50-90-Regel“**).
Für übersteigende Fläche: Äquivalenzzahl 50% (=0,02 EUR/m²)

2. Ist die Fläche des Grund und Bodens zu mindestens 90% nicht bebaut, wird der Äquivalenzbetrag für die 10.000 m² übersteigende Fläche insgesamt wie folgt angesetzt (sog. **„90-10.000-Regel“**): (übersteigende Grund- und Bodenfläche × 0,04 Euro/m²)^{0,7}

Der Äquivalenzbetrag wird mit der Grundsteuermesszahl multipliziert und daraus ergibt sich der **Grundsteuermessbetrag**. Der Grundsteuermessbetrag des Grundstücks ist auf volle Cent nach unten abzurunden.

Die Grundsteuermesszahlen sind gesetzlich vorgeschrieben gem. § 4 Absatz 1 HmbGrStG und betragen:

- Grundsatz 100%
- Wohnflächen 70%

Die **Grundsteuermesszahl** für den Äquivalenzbetrag der Wohnfläche wird gem. § 4 Absatz 2 HmbGrStG für **normale Wohnlagen um 25% ermäßigt** und beträgt damit 52,5%. Es wird bei der **Wohnlage zwischen „normaler“ und „guter“ Wohnlage unterschieden.** Grundlage hierfür soll eine gesonderte Rechtsverordnung für Zwecke der Grundsteuer mit einem Verzeichnis für gute und normale Wohnlage sein. Aktuell dient das bekannte und beim Mietenspiegel-Verfahren bewährte **Hamburger Wohnlagenverzeichnis** hierfür als Anhaltspunkt.

Damit werden vom Gesetzgeber her Wohngrundstücke gegenüber den Gewerbegrundstücken begünstigt. Darüber hinaus erfolgt eine weitere Ermäßigung für die Wohngrundstücke in „normaler“ Wohnlage.

Sofern keine Wohnlage aus der noch zu erlassenden Rechtsverordnung ermittelbar ist, wird eine normale Wohnlage vermutet.

Weitere Ermäßigungen für die Äquivalenzbeträge der Gebäudeflächen und Wohnflächen sind in § 4 Absatz 3 bis 5 HmbGrStG geregelt und werden **auf Antrag und bei Vorliegen der Voraussetzungen** gewährt. Diese stellen sich wie folgt dar:

Nutzung	Steuermesszahl normale Wohnlage	Steuermesszahl gute Wohnlage
Wohnen im Denkmalobjekt	39,4%	52,5%
Wohnen in Sozialwohnungen	39,4%	52,5%
Wohnen im Denkmalobjekt und in Sozialwohnung	29,5%	39,4%
Gewerbe im Denkmalobjekt	75%	75%

Abb. 20 Steuermesszahlen und deren Ermäßigungen in Hamburg

Auch in diesem Modell sind **turnusmäßige Hauptfeststellungen** für die Feststellungserklärungen im Grundvermögen **nicht notwendig.**

Im **Feststellungsbescheid** wird die Grundstücksart der wirtschaftlichen Einheit nicht festgestellt. Der Feststellungsbescheid kann mit dem nachfolgenden **Grundsteuermessbescheid** verbunden und zusammengefasst bekannt gegeben werden.

Hamburg spricht sich zudem für die **Anwendung der Grundsteuer C** aus, um Grundstücksspekulationen **unattraktiver** zu gestalten und den **Neubau zu fördern.** Die Grundsteuer C greift für bestimmte unbebaute, aber baureife Grundstücke.

Das **Bewertungsschema in Hamburg** sieht grundsätzlich wie folgt aus:

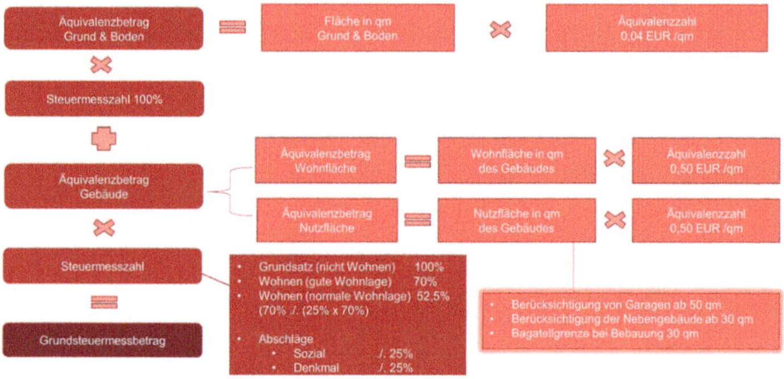

Abb. 21 Bewertungsschema in Hamburg

7.2 Übersicht zu den notwendigen Informationen für das Wohnlagemodell in Hamburg

Angaben für die Grundsteuer-erklärung	Unbebaute Grundstücke	Bebaute Grundstücke
Basisdaten: – Steuernummer des Objektes – Anschrift/Lage Grundstück – Eigentümer mit Steuer-ID – Grundbuchangaben: Gemarkung, Flurstücksnummer, Grundbuchblatt, Fläche, Anteil, der zur wirtschaftlichen Einheit gehört	x	x
Wohn- und Nutzfläche Gebäude		x
Grundsteuerermäßigungen: Denkmal, Wohnraumförderung, Sozialwohnungen		x
Grundsteuerbefreiungen	x	x

Tab. 7.1 Übersicht zu den notwendigen Informationen für das Wohnlagemodell in Hamburg

Praxistipp:
Die Hamburger Finanzbehörde hat im März 2022 die Entwürfe der Erklärungsvordrucke und Ausfüllanleitungen zur neuen Hamburgischen Grundsteuer vorgelegt. Sie stehen als Download auf der Website der Stadt Hamburg zur Verfügung.[16]

7.3 Anzeige- und Erklärungspflichten in Hamburg

Auch die Hamburger Finanzbehörde fordert die Eigentümer auf, die Erklärungen in elektronischer Form per ELSTER einzureichen. Die Grundsteuererklärungen für die Hauptfeststellung zum 1.1.2022 müssen im **Zeitraum 1. Juli bis 31. Oktober 2022** abgegeben werden. Alle Eigentümer wurden zur Abgabe der Erklärung für die Hauptfeststellung auf den 1.1.2022 durch **öffentliche Bekanntmachung** vom 22.3.2022 aufgefordert. Dazu gibt es eine breite Informationsoffensive mit Flyern, Schreiben an Wirtschaftsverbände etc.

16 www.hamburg.de/fb/grundsteuer/15960966/entwuerfe-der-erklaerungsvordrucke (abgerufen am 4.5.2022).

Für die Steuerpflichtigen ergeben sich gem. § 6 Absatz 5 HmbGrStG **jährliche Anzeigepflichten** zum jeweiligen 1.1. des Folgejahres **bis zum 31. März des Folgejahres**, wenn sich die tatsächlichen Verhältnisse ändern, die sich

- auf die Höhe des Grundsteuerwerts auswirken oder
- zu einer Nachfeststellung oder der Aufhebung des Grundsteuerwerts führen können.

8 Landesmodelle Hessen und Niedersachsen

8.1 Bewertungsverfahren Flächen-Faktor-Verfahren und Flächenmodell

Genau wie Bayern und Hamburg haben sich auch Hessen und Niedersachsen für die Nutzung der **Länderöffnungsklausel** ausgesprochen und sich an diesen Modellen orientiert. Daraus sind in **Hessen das Flächen-Faktor-Verfahren** und in **Niedersachsen das Flächenmodell** entstanden. Beide Bundesländer besteuern Grundstücke in besserer Lage höher als Grundstücke in schlechterer Lage.

Bei diesen Bewertungsverfahren spielen das Alter oder der Zustand des Gebäudes für die Bewertung keine Rolle. Die maßgeblichen Berechnungsgrößen sind auch hier die Grundstücksgröße, die Wohn-/Nutzfläche des Gebäudes und die Lage des Grundstücks ergänzt durch die **Äquivalenzzahlen**.

Auch in Hessen und Niedersachsen sind die auf volle Quadratmeter abgerundeten **Flächen des Grund und Bodens sowie die Wohn-/ Nutzflächen maßgebend**. Als Wohnnutzung gilt auch die Nutzung als häusliches Arbeitszimmer. Im Übrigen ist die Nutzfläche des Gebäudes maßgeblich. Die Wohnfläche berechnet sich nach der Wohnflächenverordnung vom 25.11.2003 und die Nutzfläche nach DIN 277 – so, wie auch im Bundesmodell.

Folgende Flächen sind maßgebend und werden in **Hessen beziehungsweise Niedersachsen** berücksichtigt:

In Hessen gilt ein Grundstück als unbebaut, wenn die Gebäudefläche des darauf errichteten Gebäudes weniger als 30 m² beträgt.

- Hessen: Nutzflächen von Garagen ab 100 m²
- Niedersachsen: Nutzflächen von Garagen ab 50 m²
- Nutzflächen von Nebengebäuden ab 30 m²

Der **Grundsteuerwert** des Grundstücks errechnet sich in beiden Ländern aus der Addition folgender zwei Summanden:

- **Äquivalenzbetrag des Grund und Bodens** – dieser ergibt sich durch eine Multiplikation der Fläche des Grund und Bodens mit der jeweiligen Äquivalenzzahl – sowie
- etwaige **Äquivalenzbeträge von Wohn- und Nutzflächen der Gebäude** – diese ergeben sich durch eine Multiplikation der maßgeblichen Gebäudeflächen mit der Äquivalenzzahl und **dem Lage-Faktor**.

Für die Berechnung des Äquivalenzbetrages sind **Äquivalenzzahlen in Hessen und in Niedersachsen** gesetzlich vorgeschrieben. Diese betragen

- für das Grundstück 0,04 Euro/m² und
- für Gebäude 0,50 Euro/m².

Vergünstigungen für besonders große Grundstücke sieht **Niedersachsen** wie folgt vor gemäß § 4 Absatz 2 Satz 2 NGrStG:

1. Grundstücksfläche beträgt das Zehnfach der Wohnfläche: Dann wird die Äquivalenzzahl für das Grundstück nur zu 50% angesetzt, wenn das Gebäude zu mindestens 90% Wohnzwecken dient (sog. **„10-50-90-Regel“**).
   Für übersteigende Fläche: Äquivalenzzahl 50% (=0,02 EUR/m²)

2. Ist die Fläche des Grund und Bodens ist zu mindestens 90% nicht bebaut, wird der Äquivalenzbetrag für die 10.000 m² übersteigende Fläche insgesamt wie folgt angesetzt (sog. **„90-10.000-Regel“**):
   (übersteigende Grund- und Bodenfläche × 0,04 Euro/m²)^{0,7}

Der **Lage-Faktor** in **Niedersachsen** und der **Faktor in Hessen** ergeben sich jeweils aus der folgenden Formel:

Lage-Faktor = (Bodenrichtwert / durchschnittlicher Bodenrichtwert [dBRW])^{0,3}

Die Größe „Bodenrichtwert“ ist der zum Hauptfeststellungszeitpunkt 1.1.2022 ermittelte Bodenrichtwert der Bodenrichtwertzone, in der das Grundstück liegt.

Die Größe „**durchschnittlicher Bodenrichtwert**" ist der auf den Hauptfeststellungszeitpunkt ermittelte durchschnittliche Bodenrichtwert in der Gemeinde, der für Zwecke der Grundsteuer **von den Geschäftsstellen der Gutachterausschüsse ermittelt** wird. Hierbei ermitteln die Gutachterausschüsse für jede Gemeinde aus den Bodenrichtwerten für Wohnbauflächen, gewerbliche Bauflächen, gemischte Bauflächen und Sonderbauflächen der Gemeinde einen Durchschnittsbodenwert für Zwecke der Grundsteuer. Dieser ergibt sich als Median aller in der Gemeinde liegenden Bodenrichtwerte und wird auf volle Euro abgerundet. Es wird nur ein Durchschnittsbodenwert über alle Nutzungen hinweg gebildet. Bei deckungsgleichen Bodenrichtwertzonen (d.h. Zonen, für die je nach Nutzung mehrere Werte angegeben sind) ist der jeweils niedrigste der Bodenrichtwerte in die Ermittlung einzubeziehen.

In Niedersachsen wird der **durchschnittliche Bodenrichtwert für jede Gemeinde im Internet veröffentlicht und im Grundsteuer-Viewer bereitgestellt.** Hierbei handelt es sich um eine digitale Kartendarstellung, aus der die Flächen und der Lage-Faktor ersichtlich sind.

In Hessen werden die für alle Gemeinden berechneten durchschnittlichen Bodenrichtwerte im Staatsanzeiger veröffentlicht.

Der Bodenrichtwert des betreffenden Grundstücks wird mit dem durchschnittlichen Bodenrichtwert der Gemeinde ins Verhältnis gesetzt. Auf dieses Verhältnis wird ein Exponent von 0,3 angewendet.

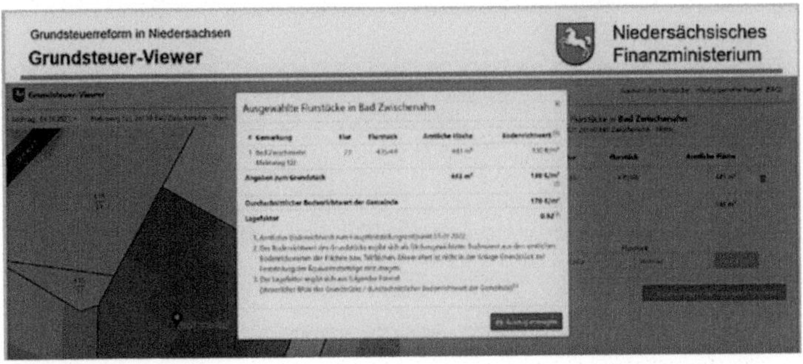

Abb. 22 Auszug aus dem Grundsteuer-Viewer des Niedersächsischen Finanzministeriums[17]

[17] Grundsteuer-Viewer.NI (niedersachsen.de) (abgerufen am 9.5.2022)

Praxistipp:
Das Gute ist, dass in der Erklärung zur Feststellung des Grundsteuermessbetrags der Lage-Faktor nicht zu erklären ist.

Dennoch besteht der Wunsch unter den Steuerberatern, diesen Lage-Faktor mit einzubinden bzw. im Rahmen der Erklärungserstellung in Erfahrung zu bringen, um den neuen Grundsteuerwert berechnen zu können.

Der Grundsteuerwert wird mit der Grundsteuermesszahl multipliziert und daraus ergibt sich der **Grundsteuermessbetrag.** Der Grundsteuermessbetrag des Grundstücks ist auf volle Cent nach unten abzurunden.

Die Grundsteuermesszahlen sind gesetzlich vorgeschrieben und betragen in Hessen und Niedersachsen:

- Grundsatz 100%
- Wohnflächen 70%

Weitere Ermäßigungen der Steuermesszahl sind für **Niedersachsen** in § 6 Absatz 3 bis 5 NGrStG geregelt und werden **auf Antrag und bei Vorliegen der Voraussetzungen gewährt.** Diese stellen sich wie folgt dar:

Nutzung	Ermäßigung	Steuermesszahl
Wohnen im Denkmalobjekt	25% von 70%	52,5%
Wohnen in Sozialwohnungen	25% von 70%	52,5%
Wohnen im Denkmalobjekt und in Sozialwohnung	25% von 70% + 25% von 52,5%	39,4%
Wohnen im Zusammenhang mit LuF-Nutzung	25% von 70%	52,5%
Gewerbe im Denkmalobjekt	25% von 100%	75%

Abb. 23 Steuermesszahlen und Ermäßigungen in Niedersachsen

In **Hessen** werden Denkmalobjekte um 25% ermäßigt gemäß § 6 Absatz 3 HGrStG.

Hessen sieht eine turnusmäßige Hauptveranlagung in Zeitabständen von **vierzehn Jahren** vor.

Niedersachsen sieht vor, die Bodenrichtwerte und den **durchschnittlichen Bodenrichtwert alle sieben Jahre zu aktualisieren** und auf dieser Grundlage den Lage-Faktor neu zu berechnen.

Im Feststellungsbescheid für Grundstücke sind ergänzend zu § 219 Absatz 2 BewG auch Feststellungen über die Fläche von Grund und Boden und die Gebäudeflächen sowie ihre Einordnung als Wohnfläche oder Nutzfläche zu treffen. Der Feststellungsbescheid kann mit dem nachfolgenden **Grundsteuermessbescheid** verbunden und zusammengefasst bekanntgegeben werden.

Hessen wird laut Entwurf der landesgesetzlichen Regelung von der **Erhebung der Grundsteuer C** für baureife Grundstücke in Anlehnung an die Vorschriften des Bundes mit größerem Entscheidungsspielraum für die Kommunen Gebrauch machen.

Niedersachsen wird die Grundsteuer C nicht erheben.

Das **Bewertungsschema in Hessen und Niedersachsen** sieht grundsätzlich wie folgt aus:

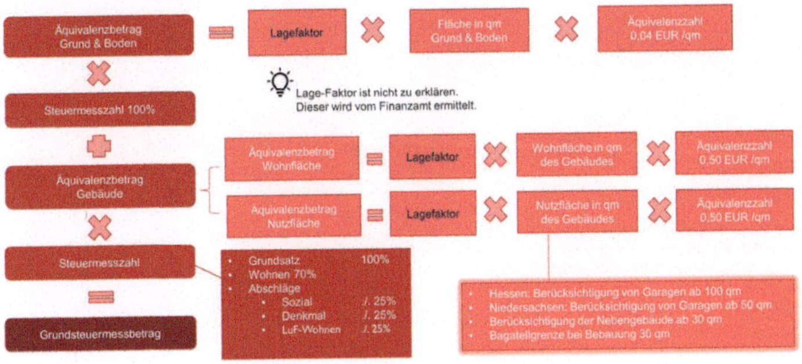

Abb. 24 Bewertungsschema in Hessen und Niedersachsen

8.2 Übersicht zu den notwendigen Informationen für die Modelle in Hessen und Niedersachsen

Angaben für die Grundsteuererklärung	Unbebaute Grundstücke	Bebaute Grundstücke
Basisdaten: – Einheitswert-Aktenzeichen – Anschrift/Lage Grundstück – Eigentümer mit Steuer-ID – Grundbuchangaben: Gemarkung, Flurstücksnummer, Grundbuchblatt, Fläche, Anteil, der zur wirtschaftlichen Einheit gehört	x	x
Wohn- und Nutzfläche Gebäude		x
Grundsteuerermäßigungen: Hessen: Denkmal Niedersachsen: Denkmal, Wohnraumförderung, Sozialwohnungen		x
Grundsteuerbefreiungen	x	x

Tab. 8.1 Übersicht zu den notwendigen Informationen für die Modelle in Hessen und Niedersachsen

Praxistipp:
Das Landesamt für Steuern Niedersachsen hat im Januar 2022 die niedersächsischen Vordrucke für die Grundsteuererklärung im Entwurf vorgelegt. Bis zur Veröffentlichung können ggf. noch kleinere Anpassungen vorgenommen werden. Die Entwürfe stehen auf der Website des Steuerberaterverbandes als Download zur Verfügung.[18]

8.3 Anzeige- und Erklärungspflichten in Hessen und Niedersachsen

Hessen und Niedersachsen fordern die Eigentümer auf, die Erklärungen in elektronsicher Form per ELSTER einzureichen. Die Grundsteuererklärungen für die Hauptfeststellung zum 1.1.2022 müssen im **Zeitraum 1. Juli bis 31. Oktober 2022** abgegeben werden.

[18] https://stbv.tax/wp-content/uploads/2022/01/Informationen-fuer-Steuerberater_Erklaerungsvordrucke_Anlage.pdf (abgerufen am 4.5.2022).

Die Hessische Steuerverwaltung fordert durch öffentliche Bekanntmachung die Eigentümer hierzu auf. Zudem wird sie den Eigentümern voraussichtlich im Juni 2022 ein individuelles Schreiben mit weiteren Informationen per Post zukommen lassen.

In Niedersachsen erhält jeder Eigentümer eines Grundstücks im Mai/Juni 2022 vom zuständigen Finanzamt ein Informationsschreiben, aus dem die wichtigsten Daten und Informationen für das Ausfüllen der Erklärung kurz und kompakt hervorgehen.

Für die Eigentümer in Niedersachsen ergeben sich gem. § 8 Absatz 5 NGrStG **jährliche Anzeigepflichten** zum jeweiligen 1.1. des Folgejahres **bis zu 31. März des Folgejahres**, wenn sich die tatsächlichen Verhältnisse ändern, die sich

- auf die Höhe des Äquivalenzbeträge auswirken oder
- zu einer Nachfeststellung oder der Aufhebung der Äquivalenzbeträge führen können.

Auch in Hessen gelten diese jährlichen Anzeigepflichten.

9 Landesmodell Baden-Württemberg

9.1 Bewertungsverfahren modifiziertes Bodenwertmodell

Im November 2020 hat der Landtag von Baden-Württemberg das dortige Grundsteuergesetz (LGrStG) beschlossen und sich damit für das sog. **modifizierte Bodenwertmodell** entschieden.

Das gewählte Modell sieht vor, bei Grundstücken des Grundvermögens **nur noch den Wert des Grund und Bodens zu besteuern**. Zu diesem Zweck werden Grundstücke **anhand ihrer Fläche und des jeweiligen Bodenrichtwerts auf den Hauptfeststellungszeitpunkt** bewertet. Maßgebend ist der Bodenrichtwert des Richtwertgrundstücks in der Bodenrichtwertzone, in der sich das zu bewertende Grundstück befindet.

Die Gebäude spielen daher grundsätzlich keine Rolle und sind bei der Bewertung nicht von Relevanz.

Maßgebend für die Bewertung sind folgende **zwei Parameter**:

- Grundstücksfläche
- Bodenrichtwert

Der **Grundsteuerwert** ergibt sich aus der Multiplikation der Grundstücksfläche mit dem Bodenrichtwert.

Wie auch im Bundesmodell wird der Bodenrichtwert zum Stichtag 1.1.2022 von den Gutachterausschüssen ermittelt und bis zum 30.6.2022 veröffentlicht. Es gelten die gleichen Regelungen wie in Kapitel 5.5 „Der Bodenrichtwert als Bewertungsgröße“ dargestellt. In Baden-Württemberg sind diese Ausschüsse bei den Kommunen angesiedelt.

Hervorzuheben ist, dass gemäß § 38 Absatz 4 LGrStG auf **Antrag** ein anderer Grundsteuerwert angesetzt werden kann, wenn der durch ein **qualifiziertes Gutachten** nachgewiesene tatsächliche Wert des Grund und Bodens zum Zeitpunkt der Hauptfeststellung **mehr als 30 Prozent vom berechneten Grundsteuerwert abweicht.** Der Nachweis hierzu ist vom Eigentümer durch ein qualifiziertes Gutachten von einem staatlichen anerkannten und zuständigen Gutachter möglich. Dabei sind für eine in Erwägung stehende Grundsteuerminderung über die Jahre auch die einmaligen Gutachterkosten gegenüberzustellen.

Der **Grundsteuermessbetrag** ergibt sich durch Anwendung der **Steuermesszahl** auf den Grundsteuerwert. Die Steuermesszahlen und deren Ermäßigungen sind in § 40 LGrStG gesetzlich festgelegt. Auch in Baden-Württemberg erfolgt im Bereich des Grundvermögens ein Abschlag bei der allgemeinen Steuermesszahl, um das Grundbedürfnis „Wohnen“ zu entlasten.

Die **Steuermesszahlen und die Ermäßigungen** stellen sich wie folgt dar:

Nutzung	Ermäßigung	Steuermesszahl
Betrieb der Land- und Forstwirtschaft		0,55 ‰
Grundstücke		1,3 ‰
Grundstück mit überwiegendem Wohnzweck	30% von 1,3 ‰	0,91 ‰
Grundstück mit Sozialwohnungen	25% von 1,3 ‰	0,975 ‰
Grundstück mit Denkmalobjekt	10% von 1,3 ‰	1,17 ‰

Abb. 25 Steuermesszahlen und Ermäßigungen in Baden-Württemberg

Die Voraussetzung zu „**dem Wohnzweck dienen**“ ist erfüllt, wenn der Anteil der Wohnnutzung an der gesamten Wohn- und Nutzfläche den Anteil der wohnfremden Nutzung übersteigt.

Erfüllt ein Grundstück mehrere Vergünstigungstatbestände, ergibt sich die Ermäßigung der Steuermesszahl von 1,3‰ aus der Summe der zu berücksichtigenden Prozentsätze.

Baden-Württemberg sieht eine turnusmäßige Hauptveranlagung in Zeitabständen von **sieben Jahren** vor.

Um Spekulationen brachliegender Grundstücke entgegenzuwirken, wird die **Grundsteuer C** für baureife Grundstücke erhoben. Damit bekommen die Gemeinden die Möglichkeit, einen gesonderten höheren Hebesatz in Anlehnung an die Vorschriften des Bundes auf bestimmte Gemeindeteile aus städtebaulichen Gründen festzulegen.

Das **Bewertungsschema in Baden-Württemberg** sieht grundsätzlich wie folgt aus:

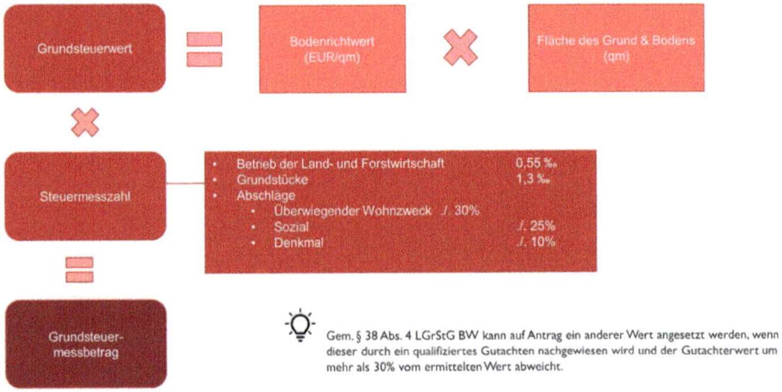

Abb. 26 Bewertungsschema Baden-Württemberg

9.2 Übersicht zu den notwendigen Informationen für Baden-Württemberg

Angaben für die Grundsteuererklärung	Unbebaute Grundstücke	Bebaute Grundstücke
Basisdaten: – Einheitswert-Aktenzeichen – Anschrift/Lage Grundstück – Eigentümer mit Steuer-ID – Grundbuchangaben: Gemarkung, Flurstücksnummer, Grundbuchblatt, Fläche, Anteil, der zur wirtschaftlichen Einheit gehört	x	x
Bodenrichtwert	x	x
Grundsteuerermäßigungen: Denkmal, Wohnraumförderung, Sozialwohnungen		x
Grundsteuerbefreiungen	x	x

Tab. 9.1 Übersicht zu den notwendigen Informationen für Baden-Württemberg

Praxistipp:
Der Grundbuchauszug und der bisherige Einheitswertbescheid oder das angekündigte Informationsschreiben werden die notwendigen Informationen enthalten und damit genügen.

9.3 Anzeige- und Erklärungspflichten in Baden-Württemberg

In Baden-Württemberg besteht die Aufforderung an die Eigentümer, die Erklärungen in elektronsicher Form per ELSTER einzureichen. Die Grundsteuererklärungen für die Hauptfeststellung zum 1.1.2022 müssen im **Zeitraum 1. Juli bis 31. Oktober 2022** abgegeben werden.

Die Finanzverwaltung Baden-Württemberg wird im Laufe des Jahres 2022 die Eigentümer auffordern, eine entsprechende Steuererklärung abzugeben. Dazu laufen die Vorbereitungen, ein Informationsschreiben mit den vorliegenden Informationen der Finanzverwaltung an die Eigentümer der Privathaushalte zu versenden.

Für die Eigentümer ergeben sich gem. § 22 Absatz 2 LGrStG **jährliche Anzeigepflichten** zum jeweiligen 1.1. des Folgejahres **bis zum 31. Januar des Folgejahres**, wenn sich die tatsächlichen Verhältnisse ändern, die

- sich auf die Höhe des Grundsteuerwerts oder die Vermögensart auswirken oder
- zu einer erstmaligen Feststellung führen

10 Wie geht es nach der Feststellungserklärung zum 1. Januar 2022 weiter?

10.1 Gesonderte Feststellung für Zwecke der Grundsteuer

Die Finanzverwaltung nimmt die **gesonderte Feststellung** der Grundsteuerwerte zum Hauptfeststellungszeitpunkt 1.1.2022 ausschließlich für das land- und forstwirtschaftliche Vermögen und das Grundvermögen vor gemäß § 180 Absatz 1 Satz 1 Nr. 1 AO.

Hat eine wirtschaftliche Einheit **mehrere Beteiligte**, kann die Wertermittlung für die wirtschaftliche Einheit gemäß § 3 BewG nur im Ganzen erfolgen. Somit wird der ermittelte Wert auf die Beteiligten **im Verhältnis ihrer Anteile aufgeteilt.** In diesen Fällen erfolgt die gesonderte Feststellung nicht getrennt für jeden Beteiligten, sondern gemäß § 179 Absatz 2 AO einheitlich.

Im Feststellungsbescheid sind folgende Feststellungen zu treffen:

- über die Höhe des Werts
- über die Vermögensart
- beim Grundvermögen auch über die Grundstücksart
- über die Zurechnung
- bei mehreren Beteiligten über die Höhe der Anteile

Voraussetzung für die gesonderte Feststellung von Grundsteuerwerten ist, dass ein **steuerliches Interesse** gegeben ist bzw. sie für die Besteuerung von Bedeutung ist. Wenn die Erhebung der Grundsteuer infolge zweifelsfreier Steuerbefreiungsvorschrift ganz oder teilweise nicht in Betracht kommt, **unterbleibt die Erteilung entsprechender Feststellungsbescheide.**

In den abweichenden Ländermodellen werden im Feststellungsbescheid gem. § 179 AO i.V.m. den Regelungen der einzelnen Landesgesetze für land- und forstwirtschaftliches Vermögen auch Feststellungen über die Vermögensart sowie die Zurechnung der wirtschaftlichen Einheit und bei mehreren Beteiligten über die Höhe ihrer Anteile getroffen. In dem Feststellungsbescheid für Grundvermögen sind Feststellungen für die Zurechnung der wirtschaftlichen Einheit und bei mehreren Beteiligten über die Höhe ihrer Anteile zu treffen.

Der Feststellungsbescheid und der Steuermessbescheid sind sog. **Grundlagenbescheide.** Verfahrensrechtlich sind Grundlagenbescheide verselbstständigte, inhaltlich vorrangige Entscheidungen über Besteuerungsgrundlagen, die für andere Entscheidungen im Besteuerungsverfahren in dem Sinne bindend sind, dass die für die Folgeentscheidung zuständige Finanzbehörde sie ungeprüft zu übernehmen hat.[19]

10.2 Erhalt und Prüfung der Bescheide

Anhand der Angaben in der Grundsteuererklärung berechnet das Finanzamt den **Grundsteuerwert** und stellt einen **Grundsteuerwertbescheid** aus.

In Ergänzung dazu berechnet das Finanzamt anhand einer gesetzlich festgeschriebenen Steuermesszahl den **Grundsteuermessbetrag** und stellt einen **Grundsteuermessbescheid** aus.

Im Regelfall werden die Steuerbescheide an den Eigentümer versandt oder aufgrund einer Empfangsvollmacht an den Steuerberater. Eine elektronische Bereitstellung der Daten beider Bescheide ist aktuell nicht vorgesehen, sodass der Versand dieser Bescheide in Papierform erfolgt.

Beide Bescheide sind keine Zahlungsaufforderungen. Sie sind die Grundlage für die Festsetzung der Grundsteuer durch die Stadt oder Gemeinde. Das Finanzamt stellt den Städten und Gemeinden den Grundsteuermessbetrag nebst Grundstücksinformationen und Informationen zum Steuerschuldner zur Verfügung, die für die Berechnung der Grundsteuer erforderlich sind.

Für den Eigentümer oder seinen empfangsbevollmächtigten Steuerberater besteht daher eine genaue Prüfungspflicht der sog. Grundlagenbescheide, des Feststellungsbescheids zum Grundsteuerwert und des Bescheids zum Grundsteuermessbetrag.

Bei Unrichtigkeiten kann ein **Einspruch oder ein Antrag auf schlichte Änderung** innerhalb eines Monats nach Bekanntgabe der Steuerbescheide eingelegt werden. Der Einspruch verhindert den Eintritt der formellen und materiellen **Bestandskraft.**

[19] BFH Urteil v. 08.09.2020 - X R 2/19 BStBl 2022 II S. 157.

Anhand der übermittelten Daten berechnet die Stadt oder die Gemeinde die zu zahlende Grundsteuer. Dazu multipliziert sie den Grundsteuermessbetrag mit dem Hebesatz, der von der Stadt oder Gemeinde festgelegt wird. Daraus ergibt sich die zu zahlende Grundsteuer. Der **Grundsteuerbescheid** wird in der Regel an den Eigentümer versandt.

Der Hebesatz soll durch die Städte und Gemeinden so angepasst werden, dass die Grundsteuerreform für die jeweilige Stadt oder Gemeinde möglichst aufkommensneutral ist. Für die einzelnen Steuerpflichtigen kann sich die Höhe der Grundsteuer jedoch ändern.

10.3 Feststellungsarten mit Blick für die Grundsteuerwertveränderungen und deren gesetzliche Anzeigepflicht

10.3.1 Hauptfeststelllung

Grundsätzlich werden im Rahmen einer Hauptfeststellung die Grundsteuerwerte in Zeitabständen von je sieben Jahren allgemein festgestellt. Für die jetzige Neubewertung zum 1.1.2022 im Rahmen der Hauptfeststellung werden die **Wertverhältnisse sowie die tatsächlichen Verhältnisse** zum 1.1.2022 um null Uhr zugrunde gelegt. Für die Hauptfeststellung zum 1.1.2022 besteht aufgrund der öffentlichen Aufforderung die Erklärungspflicht für jeden Eigentümer nunmehr im Zeitraum vom 1.7.2022 bis zum 31.10.2022.

Mit einer neuen Hauptfeststellung werden in erster Linie die Wertveränderungen erfasst, die durch **Änderung der Preisentwicklung** seit der letzten Hauptfeststellung eingetreten sind. Der Gesetzgeber hat angeordnet, dass geänderte Wertverhältnisse bei Nachfeststellungen und Fortschreibungen nicht zu berücksichtigen sind, sondern ausschließlich Wertverhältnisse zum Hauptfeststellungszeitpunkt.

Die so ermittelten und festgestellten Grundsteuerwerte sollen grundsätzlich während des gesamten Hauptfeststellungszeitraums (dem Zeitraum zwischen den zwei Stichtagen der Hauptfeststellung) der Besteuerung zugrunde gelegt werden. Für die folgenden sieben Jahre haben daher beispielsweise die Änderung der Bodenrichtwerte oder auch eine Änderung der Mieten keine Auswirkung auf die vorgenommene Feststellung zum 1.1.2022. Zum neuen Hauptfeststellungszeitpunkt 1.1.2029 wirken sich diese aus.

10.3.2 Fortschreibungen

Mit einer Änderung der tatsächlichen Verhältnisse, die zu einer wesentlichen Erhöhung oder Minderung des bisher festgestellten Grundsteuerwerts führen, muss der Grundsteuerwert nach Eintritt dieser Veränderung zum nächsten Feststellungszeitpunkt fortgeschrieben werden. Als Fortschreibungen kommen gemäß § 222 Absatz 1 bis 3 BewG in Betracht:

- Wertfortschreibung,
- Artfortschreibung und
- Zurechnungsfortschreibung

sowie als lex specialis nach § 222 Absatz 4 BewG

- die fehlerseitige Fortschreibung.

Diese Fortschreibungen werden entweder auf Antrag des Steuerpflichtigen oder von Amts wegen durchgeführt.

Eine **Wertfortschreibung** ist vorzunehmen – und damit wird der Grundsteuerwert neu festgestellt –, wenn

- der in Euro ermittelte und
- auf volle Hundert abgerundete Grundsteuerwert
- **zugunsten oder zuungunsten** um
- **einheitlich 15.000 Euro**

vom zuletzt festgestellten Grundsteuerwert abweicht.

Im Endergebnis beträgt die Auswirkung auf die Grundsteuer hiermit rund 20 Euro.

Diese Änderungen können zum Beispiel sein:

- Flächenänderungen beim Grund und Boden,
- Flächenveränderungen beim Gebäude, zum Beispiel durch Umbau, Erweiterung eines Wintergartens o.Ä.,
- Abriss, Teilabriss oder Zerstörung eines Gebäudes auf dem Grundstück.

Artfortschreibungen sind unabhängig von Wert- und Zurechnungsfortschreibung nicht an Wertgrenzen gebunden. Diese kommen in Betracht, wenn eine neue Feststellung über die **Art des Gegenstandes** von der zuletzt getroffenen Feststellung abweicht und dies für die Besteuerung von Bedeutung ist. Bei den entsprechenden Änderungen handelt es sich zum Beispiel um:

- Änderung von Wohngrundstück zu Nichtwohngrundstück
- Änderung von unbebautem Grundstück zu bebautem Grundstück
- Änderung der Nutzungsart

Zurechnungsfortschreibungen sind unabhängig von Wertgrenzen vorzunehmen, wenn der **Steuerschuldner** infolge eines Wechsels von der zuletzt getroffenen Feststellung der Zurechnung abweicht und dies für die Besteuerung von Bedeutung ist. Dabei handelt es sich zum Beispiel um:

- Veräußerung des Grundstücks
- Erwerb von Todes wegen

Fortschreibungszeitpunkt, der auf einer Änderung der tatsächlichen Verhältnisse beruht, ist der Beginn des Kalenderjahres, welches auf die Änderung folgt. Demnach ist der Fortschreibungszeitpunkt immer der 1.1. eines Jahres.

Fehlerseitige Fortschreibungen kommen zur Beseitigung von

- Bewertungsfehlern,
- Fehlern in der Artfeststellung und
- Zurechnungsfehlern

infrage, wenn bestandskräftige Grundsteuerwertbescheide für denselben Feststellungszeitpunkt nicht mehr nach den Berichtigungs- oder Änderungsvorschriften der Abgabenordnung korrigiert werden können. Diese Regelung kann sowohl zugunsten als auch zuungunsten des Steuerpflichtigen wirken und stellt damit sicher, dass die Grundsteuer nicht jahrelang in falscher Höhe oder gegenüber dem falschen Steuerschuldner erhoben wird.

Bei einer **fehlerseitigen Fortschreibung** ist beim **Fortschreibungszeitpunkt** zu unterscheiden:

- Von Amts wegen bei einer Erhöhung des Grundsteuerwerts ist der Beginn des Kalenderjahres maßgebend, in dem der Bescheid über die Fortschreibung erteilt wird.
- Auf Antrag bei einer Minderung des Grundsteuerwerts ist der Beginn eines früheren Kalenderjahres maßgebend, für den der Bescheid über die Fortschreibung in diesem Fall zu erteilen ist.

10.3.3 Nachfeststellung und Aufhebung

Eine **Nachfeststellung** ist gemäß § 223 Absatz 1 BewG innerhalb eines Hauptfeststellungszeitraums durchzuführen, wenn

- eine wirtschaftliche Einheit Betrieb der Land- und Fortwirtschaft oder Grundstück **neu entsteht** oder
- durch **Wegfall einer Steuerbefreiung** erstmals zur Grundsteuer herangezogen werden soll.

Eine **Aufhebung** ist gemäß § 224 BewG innerhalb eines Hauptfeststellungszeitraums durchzuführen, wenn

- eine wirtschaftliche Einheit Betrieb der Land- und Fortwirtschaft oder Grundstück **wegfällt** oder
- durch **Eintritt einer Steuerbefreiung** erstmals von der Grundsteuer befreit wird.

Nachfeststellungszeitpunkt ist bei einer neu begründeten oder weggefallenen wirtschaftlichen Einheit der Beginn des Kalenderjahres, das der Neugründung oder dem Wegfall folgt, in anderen Fällen das Kalenderjahr, in der der Grundsteuerwert erstmals für die Besteuerung von Bedeutung ist oder der Besteuerung nicht mehr zugrunde gelegt wird.

10.3.4 Erklärungs- und Anzeigepflichten

Dem Steuerpflichtigen obliegen folgende Erklärungs- und Anzeigepflichten und Fristen gemäß § 228 BewG:

Hintergrund	Frist zur Abgabe der Erklärung oder Anzeige
Durch Aufforderung der Finanzbehörde bzw. öffentliche Aufforderung der oberen Finanzbehörden der Länder	Erklärung – mindestens 1 Monat
Bei Änderung der tatsächlichen Verhältnisse, die sich auf die Höhe des Grundsteuerwerts, der Vermögensart oder die Grundstücksart auswirken oder zu einer erstmaligen Feststellung führen	Anzeige – 31.1. des Folgejahres, in dem sich die tatsächlichen Verhältnisse geändert haben
Nach Übergang des Eigentums oder des wirtschaftlichen Eigentums an einem auf fremdem Grund und Boden errichteten Gebäude	Anzeige – 31.1. des Folgejahres, in dem das Eigentum oder das wirtschaftliche Eigentum an einem auf fremdem Grund und Boden errichteten Gebäude übergangen ist

Tab. 10.1 Erklärungs- und Anzeigepflichten

Zurechnungsfortschreibungen, also Änderungen aufgrund von Eigentumsübergängen an einem Grundstück, bedürfen keiner Erklärung des Steuerpflichtigen, weil die Finanzverwaltung aufgrund der Mitteilungen anderer Behörden hiervon erfährt.

Die Anzeige schließt nicht aus, dass die Finanzbehörde anschließend den Steuerpflichtigen zur Abgabe einer Steuererklärung auffordert.

Praxistipp:
Die Änderung des Grundsteuerwerts und insbesondere die Wertfortschreibung sind jährlich seitens der Eigentümer oder der Steuerberater zu überwachen. Die Steuerberater können diese Überwachung zum Beispiel durch Sichtung der vorhandenen Belege aus der Buchhaltung und der Steuererklärung vornehmen. Ratsam und sehr hilfreich ist zudem ein jährliches Mandantengespräch, um nach Baumaßnahmen und Flächenveränderungen zu fragen.

Die Wertveränderung in Höhe von 15.000 Euro ist kumuliert zu betrachten und nicht jahresweise.

Für die zahlenmäßige Überwachung ist es auch ratsam, bei der Wahl der Software darauf zu achten, dass diese Möglichkeit von der Software abgedeckt wird.

Durch die fortbestehenden Erklärungs- und Anzeigepflichten ist bei der Wahl der Software dieser Umstand zu berücksichtigen, da je nach Mandatsumfang die Software jährlich in Benutzung ist.

11 Umsetzung in der Praxis

Nachdem auf den vorherigen Seiten viel Wissen über den Rahmen und die Vorgaben der Grundsteuerreform geteilt wurde, möchten wir auf den folgenden Seiten Ideen und Tipps für die Umsetzung in der Kanzlei und mit den Mandanten erörtern. Diese Ideen basieren auf der Umsetzung der Grundsteuerreform und dem Feedback vieler Kanzleien, die bereits seit Ende Januar 2022 mit der Software Opti.Tax Daten erfassen. Die Kanzleien sind mit verschiedenen Ansätzen gestartet und haben ihre Erkenntnisse mit uns geteilt. Dabei wird auch deutlich, dass es keinen Best-Practice-Ansatz gibt, sondern dieser von der Struktur der Mandanten abhängig ist.

- Sind **betriebliche Mandate** der Kanzlei heute bereits mehrheitlich an digitale Prozesse gewöhnt, ist die Erstellung der Feststellungserklärungen in der Grundsteuerreform ebenfalls durchgängig über einen gemeinsamen digitalen Prozess umsetzbar. Wie sieht es in Ihrer Kanzlei aus?
- **Private Mandate** sind häufig noch in analogen Prozessen gemeinsam mit der Kanzlei aktiv, wenn es zum Beispiel um die Erstellung der Einkommenssteuererklärung geht. Hier auf einen digitalen Prozess für die Grundsteuerreform zu schwenken, kann eine Chance für andere Prozesse sein, bedeutet allerdings auch eine intensivere Begleitung.

Bevor wir in den Prozess einsteigen, beschäftigen wir uns noch kurz mit der Strategie. Haben Sie eine Strategie? Wenn ja, was ist Ihr Primärziel bezüglich der Grundsteuerreform? Mögliche strategische Ziele könnten sein:

- Weitere Mandanten gewinnen
  Hier liegt der Fokus auf dem Erreichen einer hohen Bekanntheit der Kanzlei in der Region bzw. der Zielbranche und einem einfachen Abholen/Generieren von Neumandanten. Dies wird erreicht durch entsprechende Werbung, Platzierung von Wissen auf der Website oder in sozialen Netzwerken (Positionierung als Know-how-Träger) und die einfache Kontaktaufnahme über die Website – im Idealfall gleich mit Funktionen zur Übermittlung der entsprechenden Objekte und Übernahme der Daten aus den Formularen.

- Den Umsatz der Kanzlei erhöhen
  Auf den ersten Blick erscheint die vorgeschriebene Übermittlung von Feststellungserklärungen als eine Art Goldgrube. Bei näherer Betrachtung haben Kanzleien für sich festgestellt, dass dem nicht so ist. Denn in Verbindung mit der Bereitstellung von Daten bereits durch die Ämter oder Zuarbeit des Mandanten verbleibt oft „nur" die Rolle des Prüfenden und des Übermittlers für die Kanzlei. Ob diese Leistung dann mit einem hohen Honorar abgerechnet werden kann, erscheint fraglich. Dennoch ist es möglich, dieses strategische Ziel mit guter Planung zu erreichen. Auch wenn Sie sich nicht für dieses strategische Ziel entscheiden, gilt es, die Leistung und die damit verbundenen Honorare gut zu begründen.

- Bestehende Mandanten stärker an die Kanzlei binden
  Insbesondere bei Mandanten mit vielen Grundstücken positioniert sich die Kanzlei als Partner, um dieses Massendatenthema erfolgreich umzusetzen. Sei es mit Know-how oder konkret mit der Übernahme von Erstellung und Versand der Feststellungserklärungen. Diese Partnerschaft bindet und vertieft die Zusammenarbeit mit dem Mandanten.

- Daten erheben für künftige Beratungsfelder
  Kanzleien berichten davon, dass gegen Ende des Jahres Mandanten „mal eben" noch zum Jahreswechsel Grundstücke übertragen/verschenken möchten. Mit diesem Wunsch startet die große Suche nach Daten zu den Objekten und häufig wird das noch eben geschafft. Mit der Erhebung der Daten im Rahmen der Grundsteuerreform erhält die Kanzlei einen weiteren Einblick in das Vermögen der Mandanten und kann im Nachgang proaktiv Mandanten in der Gestaltungsberatung ansprechen.

Nun zum Team: Wer soll in der Kanzlei die Mandanten begleiten und das Projekt umsetzen?

11.1 Team in der Kanzlei definieren

11.1.1 Die Rollen

Zum Start des Projekts gilt es, die Rollen der jeweiligen Projektteilnehmer zu definieren. Je nach Größe der Kanzlei kann es sein, dass zwei oder mehr Rollen von ein und derselben Person übernommen werden müssen. Dennoch ist es wichtig für den Prozessablauf in der Kanzlei, diese Rollen und die damit verbundenen Aufgaben zu kennen. Folgende Rollen haben wir definiert, welche im weiteren Verlauf beschrieben werden:

- Projektleitung
- Mandantenkommunikation
- Datenerfassung
- Prüfung & Freigabe
- Versand
- Abrechnung
- Kontrolle & Bescheidprüfung

Projektleitung

Die primären Aufgaben der Projektleitung sind die Planung, die Zusammenstellung des Teams und die Steuerung des Teams. In Anlehnung an die Größe einer Kanzlei verbleibt diese Aufgabe bei den Inhabern der Kanzlei oder es wird jemand als Projektleiter benannt.

Mandantenkommunikation

In dieser Rolle geht es um die Aufgabe, die Mandanten zu informieren, für Rückfragen zur Verfügung zu stehen und dafür Sorge zu tragen, dass die Mandanten die benötigten Daten bereitstellen.

Das Thema Grundsteuerreform ist in den letzten Monaten und Wochen durch die Medien immer stärker in den Mittelpunkt gerückt. Man könnte davon ausgehen, dass jeder davon gehört hat. Machen Sie einen Test in Ihrem Bekanntenkreis und prüfen damit, wie verbreitet die Kenntnis über diese Reform in Ihrer Region ist.

Da einige Bundesländer auf die individuelle Bekanntmachung gegenüber den Eigentümern verzichten und ausschließlich über die öffentliche Bekanntmachung agieren, ist es notwendig, die Mandanten über die Grundsteuerreform zu informieren. Ein weiterer wichtiger Grund für die konkrete Ansprache liegt darin, den Mandanten die eigene Dienstleistung und Unterstützung anzubieten.

Datenerfassung

In der Grundsteuerreform geht es um die massenhafte Erfassung von Daten. Das uns vorliegende Feedback der Kanzleien ist, dass die Aufgabe des Ausfüllens der Datenfelder in 80% der Fälle innerhalb von fünf bis zehn Minuten erledigt ist, sofern die Daten vollständig und geordnet vorliegen. Die verbleibenden 20% sind aufwendigere Fälle, die eine individuelle Prüfung und Einschätzung der Fakten erfordern, um die Informationen korrekt zu erfassen.

Prüfung & Freigabe

Nachdem die Feststellungserklärungen erstellt wurden, empfehlen wir die fachliche Prüfung durch einen Steuerberater. Sobald die Freigabe vorliegt, wird die zweite Freigabe vom Mandanten eingeholt.

Versand

Nach Freigabe der Erklärung durch den Mandanten erfolgt der Versand. Durch die bereits heute mögliche Erfassung von Erklärungen ist davon auszugehen, dass ab dem Monat Juli die fertigen Erklärungen per Massenversand erfolgen werden. Die erfolgreiche Annahme der Datensätze durch ELSTER gilt es zu prüfen und die versendeten Daten in der Struktur der Kanzlei abzulegen.

Abrechnung

Je nach von der Kanzlei gewähltem Abrechnungsmodell kümmert sich der Inhaber dieser Rolle um die Erstellung der Rechnungen für die erbrachte Leistung.

Kontrolle & Bescheidprüfung

Mit Erhalt des Grundsteuerwertbescheides erfolgt die Kontrolle, ob dieser mit dem errechneten Grundsteuerwert der Feststellungserklärung übereinstimmt. Ist dies der Fall, wird der Vorgang abgeschlossen. Bei Abweichungen gilt es, diese zu prüfen, mit den Mandanten zu besprechen und ggf. Einspruch einzulegen.

11.1.2 Wer macht was?

Im nächsten Schritt gilt es nun, die Rollen einzelnen Personen in der Kanzlei zuzuordnen. Die Zuordnung der Rolle „**Projektleitung**" liegt häufig auf der Hand und ist wie oben beschrieben meist an die Größe der Kanzlei gekoppelt. Dennoch ergibt es Sinn, im Kontext der vielen weiteren Themen im Kanzleialltag – Jahresabschlüsse, Überbrückungshilfen etc. – zu prüfen, ob diese Rolle jemand anderem zugeteilt werden kann.

Die Rolle der „**Datenerfassung**" bietet sich dafür an, an Auszubildende, Werkstudenten, Praktikanten oder Hilfskräfte übertragen zu werden. Dies wurde von uns im Januar 2022 als Möglichkeit von Kanzleien mitgeteilt und nach nunmehr vier Monaten als wertvolle Hilfe bestätigt. Achten Sie an dieser Stelle darauf, dass die von Ihnen verwendete Software die Anwender fachlich und quantitativ führt, um Fehleingaben zu vermeiden.

Die weiteren Rollen sind in der Regel in der Kanzleiorganisation bereits vorhanden.

11.1.3 Schulung der Mitarbeiter

Der Wissensaufbau obliegt primär der Projekt- und Kanzleileitung. Als Hilfsmittel dafür gibt es mittlerweile viele verschiedene Formate, unter anderem Seminare und Webinare von den Steuerberaterverbänden oder vom IDW.

Für die Teilnehmer im Projekt mit der Rolle „Mandantenkommunikation" und „Datenerfassung" stellen verschiedene Anbieter E-Learning-Kurse zur Verfügung, die rudimentäres Basiswissen vermitteln. Dieses Wissen hilft, die erhaltenen Daten korrekt zu erfassen und vorab bereits Auffälligkeiten festzustellen, die dann von der Projektleitung intensiver geprüft und ggf. mit dem Mandanten besprochen werden. Nicht zuletzt wegen der Unterschiede zwischen Bundesmodell abweichenden Ländermodellen ist der Wissensaufbau im Team wichtig und notwendig.

Praxistipp:
Prüfen Sie, ob der von Ihnen gewählte Softwarepartner Ihren Mitarbeitern solche E-Learnings zur Verfügung stellt und damit das Onboarding des gesamten Teams unterstützt.

Der gesamte Prozess der Grundsteuerreform ist – noch – kein etabliertes Verfahren; dies hat zur Folge, dass sich in den nächsten Wochen weiterhin Änderungen seitens der Finanzverwaltung ergeben können und werden. Auch die Bereitstellung von Daten seitens der Bundesländer ist noch nicht final erfolgt und es ergeben sich auch hier konstant Änderungen. Dies bedeutet, dass alle Teilnehmer im Projekt sich laufend über die Änderungen und Neuigkeiten informieren sollten.

Über die Website www.grundsteuerreform.de erreichen Sie die jeweiligen Websites der Bundesländer. Auf diesen veröffentlichen die Bundesländer fortwährend Neuigkeiten.

11.1.4 Die weitere Vorbereitung

Bevor Sie damit starten, die Mandanten zu informieren, sind die folgenden zwei Punkte wichtig:

1. Wie soll der Mandant mit der Kanzlei Kontakt aufnehmen?
2. Wie wird die Leistung bepreist?

Häufig ist es so, dass Kanzleien Ihre Mandanten über Themen informieren, und dann meldet sich der Mandant per E-Mail oder Telefon bei dem ihm bekannten Sachbearbeiter – oder der Anruf landet in der Zentrale. In beiden Fällen muss es nicht so sein, dass das entsprechende Mitglied der Kanzlei am anderen Ende der Leitung auch die Grundsteuer begleitet. Dann wird der Vorgang/die Kontaktaufnahme an die zuständige Person weiterleitet. Ist diese nicht erreichbar, entsteht das Chaos: Eine Rückrufbitte wird aufgenommen, versandet jedoch in der Kanzlei, da sehr viel zu tun ist.

Aus diesem Grund empfiehlt es sich, vorab eine spezielle Rufnummer sowie E-Mail-Adresse für die Kommunikation festzulegen. Ist die Rufnummer besetzt, kann der Anruf über einen Überlauf auf weitere Mitglieder der Kanzlei weitergeleitet werden, welche ebenfalls mit dem Thema betraut sind. Ist kein Mitglied des Grundsteuerteams erreichbar, übernimmt als letztes Mittel ein Anrufbeantworter die Funktion der Nachrichtentgegennahme. Moderne Kanzleien verwenden für solche Szenarien bereits Ticketsysteme, wie diese auch in der Betreuung von Anwendern durch Softwarefirmen genutzt werden.

Eine der ersten Fragen, die ein Mandant bei Kontaktaufnahme haben wird, ist die Frage nach dem Honorar. Schwammige Aussagen sind Grundlage für Verunsicherung und bilden kein Vertrauen. Daher sollte vor der Information an die Mandanten festgelegt sein, wie die Abrechnung der Leistung gestaltet wird. In der Honorargestaltung wählen die uns bekannten Kanzleien zwischen drei verschiedenen Möglichkeiten:

- Abrechnung nach Zeit
- Abrechnung nach Pauschalen
- Abrechnung nach Gegenstandswert[20]

Um es für den Mandanten im Gespräch greifbar zu machen, halten Sie Beispiele als Liste bereit, die zur Grundstücksart des Mandanten passen.

Grundsteuerwert	**9,5/20**	**1/20**	**18/20**
100.000 EUR	757 EUR	80 EUR	1.454 EUR
250.000 EUR	1.147 EUR	121 EUR	2.193 EUR
500.000 EUR	1.449 EUR	153 EUR	2.766 EUR
1.000.000 EUR	2.061 EUR	217 EUR	3.925 EUR

Tab. 11.1 Honorarbeispiele (Die Angaben sind gerundete Netto-Beträge)

Weitere Informationen zur Abrechnung finden Sie im Kapitel 11.3 „Den Auftrag einholen“.

[20] Die Abrechnung nach Gegenstandswert ist auch in den Bundesländern möglich, die ein vom Bundesmodell abweichendes Verfahren für die Grundsteuerreform festgelegt haben. Um dies zu ermöglichen, soll die Steuerberatergebührenverordnung noch vor dem 1.7.2022 erweitert werden (siehe Referentenentwurf einer Vierten Verordnung zur Änderung der Steuerberatervergütungsverordnung, vom 4.3.2022).

11.2 Mandanten informieren

11.2.1 Das Anschreiben

Wie oben bereits geschrieben, informieren die Bundesländer, Städte und Kommunen die Eigentümer unterschiedlich. Entweder direkt inkl. Stammdatenblatt mit allen der Verwaltung bekannten Informationen oder indirekt über eine öffentliche Bekanntmachung. Daher ist es wichtig, die Mandanten über die Grundsteuerreform aktiv zu informieren.

Ist der Mandant informiert und erhält die Aufforderung von öffentlicher Seite, weiß der Mandant gleich, wie es weitergeht und was zu tun ist: die Kanzlei informieren und Daten bereitstellen.

Läuft die Kommunikation der Kanzlei mit den Mandanten primär digital – per E-Mail, Mandantenplattform etc. –, empfiehlt es sich hier, den Mandanten per Briefpost zu informieren. Die Praxiserfahrungen zeigen, dass bei Verwendung digitaler Kommunikation die Feedbackquote sehr gering ist, häufig unter 10%. Da hier nur ein kurzes Zeitfenster – 1.7. bis 31.10. – für die Übermittlung der Feststellungserklärungen vorhanden ist, zeigt ein vom Standard abweichendes Kommunikationsmittel die Dringlichkeit auf. Kanzleien, die mittels postalischer Schreiben informiert haben, berichten von hohen Feedbackquoten und waren selbst überrascht, wie schnell sich Mandanten gemeldet haben.

Ein erstes Schreiben soll die Mandanten über das Thema informieren und sie motivieren, mit der Kanzlei Kontakt aufzunehmen. Schreiben Sie aus der eigenen Perspektive, versetzen Sie sich in Ihren Mandanten und holen Sie ihn bei seinem Problem ab. Das Problem könnte lauten: „Es ist Post vom Amt zur Grundsteuer gekommen, was mache ich jetzt?“ Bieten Sie eine Lösung an. Halten Sie die Lösung einfach und platzieren Sie eine Aufforderung: „Melden Sie sich bei uns, um die gemeinsame Umsetzung zu besprechen.“ Seien Sie konkret, nennen Sie z.B. nur eine Telefonnummer für den Rückruf. Mandanten, die neugierig sind und mehr erfahren möchten, reagieren auf diese Aufforderung und melden sich.

Ein Folgeschreiben hilft, den Mandanten zu erinnern und weitere Informationen zu teilen. Weisen Sie auf die zeitliche Dringlichkeit hin sowie auf die Verpflichtung des Mandanten als Eigentümer. Platzieren Sie in diesem Schreiben ebenfalls eine konkrete Handlungsaufforderung: Wie kann der Mandant mit der Kanzlei Kontakt aufnehmen?

Praxistipp:
Ergänzen Sie Ihre Schreiben zudem um den Mehrwert, der sich für den Mandanten ergibt, wenn er die Feststellungserklärung gemeinsam mit Ihnen erstellt. Mandanten mit einfachen Fällen (z.B. die eigene Wohnung, das eigene Einfamilienhaus) können ihre Daten auch selbst über ELSTER direkt eingeben und übermitteln. Allerdings bietet ELSTER nach aktuellem Stand keine Berechnung der Grundsteuerwerte an, was den Abgleich mit dem Grundsteuerwertbescheid unmöglich macht.

In den zu diesem Buch gehörenden Downloads finden Sie zwei Musterschreiben. Diese Schreiben sind unter Berücksichtigung der oben genannten Aspekte erstellt worden.

11.2.2 Im Webinar

Kanzleien haben uns berichtet, dass diese sehr erfolgreich mit Ihren Mandanten Webinare durchgeführt haben. Die Mandanten wurden per E-Mail über die anstehende Grundsteuerreform in wenigen Worten informiert und zu einem Webinar eingeladen, in dem detailliertere Informationen geteilt wurden. Diese Methode hilft, Eins-zu-eins-Gespräche via Telefon deutlich zu reduzieren, setzt allerdings voraus, dass die Mandanten von dem Angebot Gebrauch machen, d.h. sich aktiv anmelden und daran teilnehmen.

11.2.3 In der kontinuierlichen Betreuung

Täglich finden Telefonate und Gespräche zwischen Ihrem Team in der Kanzlei und Mandanten statt. Bitten Sie das Team in Ihrer Kanzlei, Mandanten in Gesprächen aktiv auf die Grundsteuerreform anzusprechen. Stellen Sie bei Interesse und Fragen zu dem Thema den Kontakt zum Grundsteuerteam her.

11.2.4 Im Telefonat

Reagiert der Mandant nicht auf die Anschreiben, lohnt sich der Griff zum Telefonhörer. Damit spielt der Überraschungseffekt der Kanzlei in die Karten. Denn wenn sich die Kanzlei nach zwei Anschreiben telefonisch meldet, muss es wirklich wichtig sein. Die Gesprächseröffnung ist einfach – erkundigen Sie sich, ob der Mandant die Schreiben erhalten hat und fragen Sie nach dem Informationsstand des Mandanten zur Grundsteuerreform. Hat dieser bis dato noch nichts davon mitbekommen oder die Schreiben nicht wahrgenommen, teilen Sie ihr Wissen. Dadurch verstärken Sie das Vertrauen in Ihre Leistung. Kommen Sie im Anschluss zum entscheidenden Punkt: Holen Sie den Auftrag ein.

Der Mandant wird zur Umsetzung Fragen haben:

- Wie läuft das ab?
- Welche Daten werden benötigt?
- Was wird die Leistung kosten?

Praxistipp:
Erstellen Sie eine Liste der infrage kommenden Mandanten und bringen Sie in Erfahrung, wie viele Grundstücke diese Mandanten jeweils haben. Rufen Sie zuerst die Mandanten an, die viele Grundstücke besitzen, da hier ggf. der höchste Aufwand zu erwarten ist.

11.2.5 Terminorganisation

Oft ist es so, dass Mandant und Kanzlei aneinander vorbei kommunizieren, weil der eine den jeweils anderen nicht erreicht. Um Aufwand in der Terminorganisation zu sparen, helfen Tools wie zum Beispiel calendly[21] oder Microsoft Bookings[22]. Diese digitalen Helfer sind Dreh- und Angelpunkt für die professionelle und effiziente Planung von Meetings und ersparen Ihnen das lästige Hin- und Herschreiben von E-Mails, denn sie ermöglichen die eigenständige Buchung von Beratungsterminen zu den unterschiedlichen Themen. Haben Sie für jedes Thema einen spezifischen Buchungslink, wissen Sie bereits mit dem Kalendereintrag, worum es dem Mandanten geht. Darüber hinaus können Sie Pufferzeiten definieren, sodass beispielsweise frühestens 15 Minuten nach einem Termin der nächste Termin buchbar ist.

21 https://calendly.com/de (abgerufen am 4.5.2022).
22 https://www.microsoft.com/de-de/microsoft-365/business/scheduling-and-booking-app (abgerufen am 4.5.2022).

11.3 Den Auftrag einholen

Der Mandant ist interessiert an der Unterstützung durch die Kanzlei und nun gilt es, den Auftrag schriftlich festzuhalten. Je nach Wahl der Abrechnungsmethode empfiehlt es sich, einen gesonderten Vertrag mit dem Mandanten zu schließen. Dabei folgt die Abrechnungsmethode auch dem strategischen Ziel (wie weiter vorne beschrieben) und orientiert sich an der aktuellen Zusammenarbeit mit den Mandanten.

Einige Kanzleien berichten, dass diese auf neue Verträge verzichten, da die bestehenden Verträge mit dem Mandanten eine Abrechnung nach Zeit bereits beinhalten und daher keine weitere Vereinbarung notwendig ist.

Wir möchten im Folgenden drei mögliche Abrechnungsarten vorstellen.

11.3.1 Abrechnung gemäß Steuerberatergebührenverordnung

Die Abrechnungsnorm des § 24 Absatz 1 Nr. 11 StBVV stellt auf den „erklärten Wert" als Gegenstandswert ab. Problematisch ist allerdings, dass ein Grundsteuerwert nur bei Verwendung des Bundesmodells oder des modifizierten Flächenmodells in Baden-Württemberg berechnet werden kann. Dort, wo das Flächen- bzw. Flächen-Lage-Modell angewendet wird, also mit Äquivalenzbeträgen gerechnet wird, ist das bis jetzt nicht möglich.

Seit dem 3.3.2022 ist der Referentenentwurf zur Änderung der Steuerberatervergütungsverordnung veröffentlicht und voraussichtlich im Mai 2022 soll dieser vom Bundesrat beschlossen werden. Die im Kontext der Grundsteuerreform relevante Änderung betrifft die Neueinführung der Nr. 11a in § 24 Absatz 1. Diese besagt, dass, sofern kein Grundsteuerwert vorliegt, ein fiktiver Grundsteuerwert für die Berechnung der Gebühr zugrunde gelegt werden kann.

i

Hinweis:
Um den fiktiven Grundsteuerwert zu ermitteln, wird der jeweilige Grundsteuermessbetrag dividiert durch die Grundsteuermesszahl nach § 15 Absatz 1 Nr. 2a GrStG, jedoch mindestens 25.000 Euro. Die Grundsteuermesszahl beträgt für die Berechnung derzeit 0,00031.

Beispiel
Eine Grundstücksfläche in Hamburg von 2.500 m^2 x 0,04 Euro je Quadratmeter (Äquivalenzzahl) ergibt 100 Euro Grundsteuermessbetrag. Dividiert durch 0,00031 ergibt dies einen fiktiven Grundsteuerwert von 322.580 Euro.

11.3.2 Abrechnung nach Aufwand

In Verbindung mit der Veröffentlichung des Referentenentwurfs wird die Regelung einer Zeitgebühr abgelehnt. Diese wäre nicht geeignet, da sie der grundsätzlichen Systematik der Steuerberatervergütungsverordnung, die überwiegend auf Wertgebühren abstellt, widersprechen würde.

Dem entgegen haben sich Kanzleien dennoch für die zeitbasierte Abrechnung entschieden. Allerdings erhöht dies den Aufwand über die Führung des Nachweises der aufgewendeten Zeit.

11.3.3 Abrechnung mit Pauschalen

Aufgrund der Tatsache, dass die Abrechnung nach Wertgebühren nicht dem tatsächlichen Aufwand entsprechen muss, liegt für viele Kanzleien die Abrechnung nach Pauschalen gem. § 4 StBVV nahe. Dabei erstellt die Kanzlei Pakete, die Grundstücke im Ertrags- oder Sachwertverfahren sowie in der Objektart (Einfamilienhaus, Wohnung, Mietwohngrundstück, Bürogebäude etc.) unterscheiden.

Praxistipp:
Eine weiteres Unterscheidungskriterium für die Abrechnungsmodalitäten kann der Mitwirkungsgrad des Mandanten sein. Mandanten, die alle Informationen zuliefern und wenig weitere Datenbeschaffung durch die Kanzlei einfordern, erhalten eine günstigere Pauschale als Mandanten, die die Kanzlei beauftragen, eigenständig alle notwendigen Informationen zusammenzutragen.

11.3.4 Vollmachten

Beauftragt Sie der Mandant damit, die Feststellungserklärung zu erstellen, kann es notwendig sein, bei Ämtern weitere Informationen abzurufen, sofern der Mandant diese Daten nicht bereitstellen kann.

Hinweis:
In der Feststellungserklärung kann die Kanzlei als Empfangsbevollmächtigte gegenüber der Finanzverwaltung angegeben werden. Die Finanzverwaltung geht davon aus, dass eine Vollmacht vom Mandanten vorliegt und benötigt darüber keinen weiteren Nachweis.

Der Abruf von Grundbuchauszügen, das Einholen von Daten bei Katasterämtern etc. macht eine Vollmacht notwendig. Diese Vollmacht muss bereits die Anschrift der Grundstücke, die Gemarkung und die Grundbuchblattnummer beinhalten. Insbesondere die Grundbuchblattnummer ist bei Wohnungen in aufgeteilten Mehrfamilienhäusern notwendig, um die richtigen Informationen von den Ämtern zu erhalten.

Bedient sich die Kanzlei eines Partners zur Beschaffung der benötigten Informationen ist eine „Vollmachtkette“ erforderlich:

- Der Mandant bevollmächtigt die Kanzlei.
- Die Kanzlei bevollmächtigt den Partner.

Beachten Sie dabei, dass in Ihrer Mandatsvereinbarung oder im Auftrag die Berechtigung zur Vergabe von Untervollmachten enthalten sein muss. Zusätzlich muss für die Verwendung von elektronischen Grundbuchabrufen die Zustimmung des Eigentümers in der Mandatsvereinbarung aufgeführt sein.

Darüber hinaus mag es sein, dass für die Übermittlung der Feststellungserklärung an die Finanzverwaltung die bestehende Vollmacht nicht ausreicht und ergänzt werden muss.

Praxistipp:
Prüfen Sie die aktuellen Vollmachten darauf, ob die oben aufgeführten Tätigkeiten im Rahmen der Grundsteuerreform enthalten sind.

In den zu diesem Buch gehörenden Downloads finden Sie Muster für die Vollmachten.

11.4 Mandanten moderieren und die Feststellungserklärung erstellen

Der Auftrag vom Mandanten liegt vor und nun geht es in die Umsetzung. Häufig liegen der Kanzlei bereits Informationen über Grundstücke vor:

- Anlage V
- Feststellungserklärungen des Bedarfswerts
- Anlagevermögen

Hier fehlen in der Regel nur wenige Informationen und der Mandant kann zum Beispiel unter Verwendung eines digitalen Prozesses über die gewählte Softwareplattform in der Cloud eingeladen werden, diese Daten bereitzustellen. Die am Markt verfügbaren Anwendungen führen den Mandanten durch den Prozess, um die Daten zu vervollständigen.

Grundstücke, welche die Kanzlei nicht kennt, können ebenfalls vom Mandanten vorerfasst bereitgestellt werden. Dies geschieht per Vorerfassungsbögen oder über oben benannte Softwareplattform in der Cloud.

Hilfreich für den Mandanten ist es, wenn mit dem Auftrag Checklisten bereitgestellt werden. Diese Checklisten ermöglichen es dem Mandanten, anhand der Anschrift des Grundstückes zu ermitteln, aus welchen Dokumenten die benötigten Informationen entnommen werden können.

In den zu diesem Buch gehörenden Downloads finden Sie eine Checkliste dazu.

Praxistipp:
Die Erfahrungen der letzten drei Monate zeigen, dass die Bereitstellung von Grundbuchblättern oder weiteren Dokumenten einfach und schnell durch die Mandanten erfolgt. Der größere Aufwand entsteht in der Ermittlung der Wohn- und Nutzflächen sowie der Bruttogrundflächen. Sofern keine Aufzeichnungen und Dokumente mehr über das Gebäude vorhanden sind, zum Beispiel Bauunterlagen, geben Sie Ihren Mandanten Informationen mit, wie die Flächen berechnet werden können. Erste Hinweise finden Sie dazu im Seite Kapitel 5.6.2 „Abgrenzung der Grundstücksarten anhand der Wohn- und Nutzfläche“ sowie im Kapitel 5.9.2 „Das Sachwertverfahren im Überblick“.

Hinweis:
Beachten Sie zudem, dass im Unterschied zur Bruttogrundfläche bei der Wohnflächenverordnung Dachschrägen nicht zu 100% berücksichtigt werden. Nach der Wohnflächenverordnung zählen nur Flächen mit einer Raumhöhe von mehr als 2 m zu 100% zur Wohnfläche. Flächen mit einer Raumhöhe zwischen 1 m und 2 m werden zu 50% berücksichtigt und Flächen mit einer Höhe von unter 1 m werden gar nicht zugerechnet.

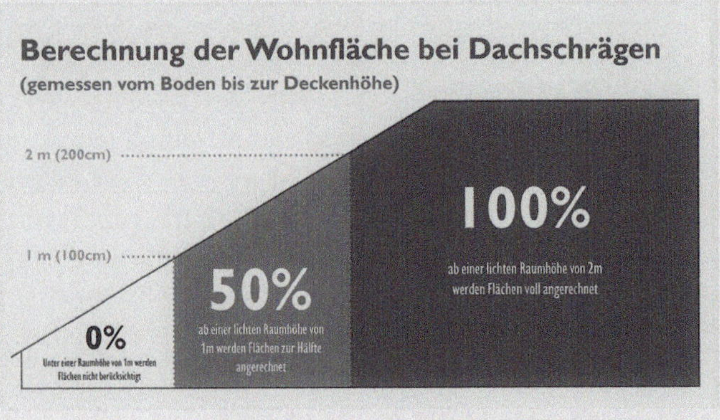

Abb. 27 Berechnung der Wohnfläche bei Dachschrägen

Bei der Ermittlung und dem Zusammentragen der Daten haben Sie zudem die Grundlage zu prüfen, ob ggf. relevante Faktoren vorliegen, die eine Reduzierung des Grundsteuerwerts zur Folge haben. In den jeweiligen Modellen der Bundesländer sind bereits Steuervergünstigungen, etwa durch sozialen Wohnungsbau oder Denkmalschutz berücksichtigt. Ergänzend dazu können Faktoren wie Grunddienstrechte, Bodenbelastungen etc. für die Ermittlung relevant sein. Im Bundesland Baden-Württemberg ist die Abgabe von Gutachten bei signifikanten Abweichungen möglich.

Praxistipp:
Nehmen Sie Kontakt mit einem Gutachter aus Ihrer Region auf, der Ihr Projektteam und Sie in der Beurteilung solcher Fälle unterstützt und die Mandanten berät.

11.5 Prüfung der Feststellungserklärungen und Versand

Die Feststellungserklärungen werden über die ELSTER-Schnittstelle an die Finanzverwaltung übermittelt. Diese Schnittstelle ist Bestandteil der am Markt befindlichen Softwareplattformen und bietet die Funktionalität der Validierung der Daten an. Dabei prüft diese Schnittstelle den Datensatz vor dem Versand bezüglich der Frage, ob alle relevanten Felder gefüllt sind, bzw. hinsichtlich der Plausibilität der erfassten Daten. Zeigt die Validierung Fehler oder Hinweise an, sind diese zu beheben, indem die Daten korrigiert oder ergänzt werden.

Ist der Datensatz valide und könnte versendet werden, empfiehlt sich die fachliche Kontrolle nach dem Vier-Augen-Prinzip. Dabei ist die erste fachliche Kontrolle bereits bei der Erfassung der vom Mandanten bereitgestellten Daten durch den Sachbearbeiter erfolgt. Die Vorabprüfung via ELSTER-Validierung bestätigt die erfolgreiche Datenerfassung. Nun gilt es, die Feststellungserklärung durch einen Steuerberater prüfen zu lassen. Dies kann zum Beispiel durch die Übernahme der Daten in das Formular zur Feststellungserklärung geschehen. Auch wenn dieses Formular nicht zur Einreichung bei der Finanzverwaltung verwendet werden kann, hilft es doch bei der Prüfung und anschließenden Freigabe durch den Steuerberater sowie den Mandanten.

Hinweis:
Gemäß der gängigen Praxis ist es nicht ausreichend, Mandanten eine komprimierte Erklärung zur Prüfung zu überlassen. Daher empfiehlt es sich, die erfassten Daten im von der Finanzverwaltung freigegebenen Formular an den Mandanten zur Prüfung und Freigabe zu übermitteln.

Nach der Freigabe durch den Mandanten erfolgt der Versand über die ELSTER-Schnittstelle nebst anschließender Übergabe der Daten an die Kanzleisoftware.

Praxistipp:
Bei der Feststellungserklärung zur Grundsteuer handelt es sich um eine Steuererklärung. Dies bedeutet, dass gemäß § 150 AO das Schriftformerfordernis gilt. Berücksichtigen Sie dies im Freigabeprozess durch den Mandanten, z.B. durch die Verwendung einer qualifizierten personenbezogenen Signatur.

11.6 Nach dem Versand das große Warten auf ...

Nach dem Versand heißt es: abwarten. Warten auf den Grundsteuerwertbescheid. Dieser wird postalisch an den Eigentümer oder gemäß Erklärung an den darin angegebenen Bevollmächtigten gesendet. Weicht der Grundsteuerwertbescheid von den in der Softwareplattform selbst ermittelten Grundsteuerwerten ab, gilt es, die Unterschiede zu prüfen und ggf. Einspruch zu erheben.

Verzeichnisse

Literaturempfehlungen

- Koordinierte Erlasse der obersten Finanzbehörden der Länder v. 09.11.2021 - S 3017 BStBl 2021 I S. 2334, Anwendung des Siebenten Abschnitts des Zweiten Teils des Bewertungsgesetzes zur Bewertung des Grundbesitzes (allgemeiner Teil und Grundvermögen) für die Grundsteuer ab 1. Januar 2022
- Grundsteuerreform 2022/2025 von Dirk Eisele, Steffen Wiegand

Stichwortverzeichnis